沖繩親子遊 一本就GO

2019年全新增訂版

大手牽小手，新手也能自助遊沖繩的食玩育樂全攻略

小布少爺——著

Contents

Chapter 3

必玩沙灘

Chapter 4

必遊景點

Chapter 5

看海咖啡廳

Chapter 6

推薦美食

燒肉

漢堡

牛排

Chapter 7

媽媽最愛必逛必買

Chapter 8

開車跳島遊

古宇利島

Chapter 9

實用資料

親子自由行首選

為何推薦沖繩？

1. 航程只有七十分鐘，像南台灣的氛圍

很多爸爸媽媽帶孩子出國，最擔心的就是孩子在飛機上坐不住、會哭鬧，但又想要出國走走，這時我都會推薦大家不妨來一趟沖繩親子之旅。以我為例，第一次一家四口的國外親子旅遊，首選就是沖繩。第一次四代同堂的家族旅遊，首選也是沖繩。

沖繩與台灣的飛行時間約七十分鐘，一小時左右的時間就可以抵達日本，等同於開車從台北到台中的時間，或是高鐵台北站到高雄站的時間，小粉圓在往沖繩的飛機上，吃完機上的排骨便當，才剛拿出畫冊不久，就抵達沖繩了。對於第一次帶孩子飛行的爸媽來說，只要適時準備一些零食、玩具，非常輕鬆地就可以讓孩子度過機上時光。

沖繩保留許多二戰後的遺跡，以及琉球時代的歷史建築，許多具有特色的海鮮市場、漁港，再加上有很多小島環繞，充滿陽光、海水，活力又有朝氣，人們友善熱情，讓人很難不愛上這個美麗的南島，不論來幾次都不會膩。

2. 租車自駕容易上手，租車業者提供接機服務

沖繩地形為狹長型，單軌電車只分布在那霸市區，想要往北走或往南行，可以參加觀光巴士之旅。目前台灣遊客前往沖繩自助旅遊，大部分會選擇租車自駕，在景點與景點之間的移動較為方便、省時，行程安排方面也較為彈性。

台灣人想要在日本租車，只需要先在台灣換好日文翻譯本，抵達日本時同時出示日

本翻譯本及台灣身分證即可。沖繩租車業者大多有提供那霸機場的接機服務，只要事前在網路上預約告知車型及航班班次、時間，一出那霸機場接待大廳，即有租車公司人員舉牌接送到租車地點。

3. 海島型旅遊區，大型親子公園多

我們夫妻非常喜歡帶孩子到處遊玩，夏天更是一放假就帶著孩子去海邊、溪邊戲水，親子旅遊的行程安排不適合太過密集的景點、購物行程，更需要站在孩子的角度安排行程活動，沖繩在親子教育及環境方面規畫完善，處處有澄淨的海水、沙灘及大型的親子公園、各項

體驗課程，最適合與孩子一起以輕鬆慢活的方式來體驗沖繩的魅力。

出遊前的準備

1. 親子自助遊注意事項

★ 護照

可請旅行社代辦護照或是自行與孩子前往外交部辦理護照，小朋友的護照期限較短，依年齡有不同的期限，每次出國前請檢查護照是否過期。

建議事前跟航空公司確認有嬰兒同行，將大人安排在可掛嬰兒掛籃的第一排座位，並且幫幼兒預約嬰兒掛籃，才不需整段航程都要抱在手上。兒童票適用於兩歲以上十二歲以下的兒童，票價則是成人票價七十五％的機票再加機場稅、燃油稅、兵險等稅金，有座位及餐點。

雖然廉價航空沒有小朋友的優惠機票，大多數兩歲以上與大人同票價，但兩歲以下不占位還是有優惠票價。

> 注意：
> 各航空公司對於嬰兒掛籃使用的體重限制不同，請直接詢問該航空公司。

不管是代辦或自行辦理，申辦護照一般都需要準備身分證正本和正、反面影本各乙份，以及白底彩色照片兩張，未滿十四歲的孩童，還需要有父或母或監護人之身分證正本及正、反面影本各乙份。沒有身分證的小孩，則提供含詳細記事之戶口名簿正本並附繳影本乙份，或最近三個月內戶籍謄本正、影本乙份。詳細資訊可上外交部領事事務局查詢。

傳統航空兩歲以上的票價其實與大人票差不多價錢，這也是許多家庭旅遊還是選擇票價較低的低成本航空的原因。

★ 登機

每間航空公司對於兒童推車登機的規定不同，可事先去電詢問。

副食品需要用到的食物剪、刀叉等等，必須託運。

★ 機票

一般傳統航空針對兒童部分有分為「嬰兒票」及「兒童票」兩種機票。嬰兒票適用於搭乘該航班時，仍「未滿兩週歲」幼兒，票價是大人票價的十％加燃油稅、兵險，由於嬰兒票沒有座位，

★ 飲食健康

出發前多注意孩子的身體狀況，最好前往醫院請醫生開出國備用藥。

兩歲以前的孩子較容易在飛機起降時耳鳴，也可以藉由喝水吞嚥的動作減低艙壓所帶來的不適應。

★ 住宿

帶孩子出國自由行，若是本身對於當地情況和語言不熟悉的狀況下，建議住宿較具規模的飯店，以便發生意外狀況時，有飯店人員可以協助處理。日租套房等無管理員之民宿較不建議入住。

背包客棧大部分不收受小朋友入住，需多注意訂房事項。

老房町家多是木造老房，不宜奔跑打擾他人，加上盥洗室數量少，人多時需要排隊，帶幼童比較不方便。

★ 行程安排

帶孩子旅行以早上一行程、下午兩行程的規畫較為恰當。

日本的公園設施比起台灣豐富許多，穿插一兩個小景點讓孩子在公園玩耍，多跟當地孩子交流也是很不錯的旅行方式。

☞ 防走失紙條

★ 中文 ★

你好，我的名字叫
_____，從台灣來旅遊，
與父母走失了，請帶我去找警察
先生，謝謝！
以下是我的家人的聯絡方式：
姓名：
電話：
Line ID：
飯店名稱：
飯店地址：

飯店電話：

★ 英文 ★

Hello, my name is
_____ , I came from
Taiwan. I'm lost. Please notify the
police or security staff. Thank you!
My parents' contact information as
below:
Name:
Cell phone:
Line ID:
Hotel Name:
Address:

Phone Number:

★ 日文 ★

はじめまして、わたしは
_____と言います。台湾から
観光で来ましたが、今は両親と離れて
しまいました。交番に連れてもらえま
せんか？ありがとうございます！
以下は家族の連絡先です。
名前：
電話番号：
Line ID：
ホテルの名前：
ホテルの住所：

ホテルの電話：

手指日文

幫我叫計程車
タクシーを呼んでください。

我要掛號
診察をお願いします。

請問附近有醫院嗎？
近くに病院はありますか。

我需要診斷書一份
診断書をください。

部位

頭	耳朵	眼睛	鼻子	喉嚨	手	腳	膝蓋	腹部
頭	**耳**	**目**	**鼻**	**喉**	**手**	**足**	**膝**	**腹**

症狀

發燒	咳嗽	撞到	曬傷
熱がある	**咳をする**	**ぶつかる**	**日焼けが痛い**

鼻塞	發冷	燙傷	胃痛
鼻が詰まる	**寒気がする**	**やけど**	**胃が痛い**

頭痛	發熱	起疹子	腹瀉
頭が痛い	**発熱がする**	**発疹**	**下痢**

喉嚨痛	吐了	被蟲咬	高血壓
喉が痛い	**吐き出す**	**虫さされ**	**高血圧**

有痰	跌倒	會痛
痰が絡む	**つまずく**	**痛いがある**

2. 孩子出門必備工具

到底帶孩子出門需準備哪些東西？最常見的問題如下：

Q 1. 需要帶推車嗎？

六歲以下推車必備，並建議行程中有安排樂園、購物商圈的爸媽，推車必備。雖然大多數的大型商城和 Outlet 都有租借嬰兒推車的服務，也可以事先詢問飯店是否有嬰兒推車租借。

六歲以下的孩子多有午睡習慣，為免旅途中因為睡眠不足吵鬧、討抱，一台舒適的小推車可以讓孩子安心睡覺，爸媽也較輕鬆。

要注意的是，日本大多數的寺廟、文化遺產是禁止使用推車、腳架的，而且階梯多無電梯，如果是兩歲以下的小小孩，也請攜帶嬰幼兒背巾或背椅較為方便行動。

Q 2. 尿布要帶多少才夠？

我個人建議尿布最好多帶兩天份。

以小芋圓第一次出國為例，本來已經快要戒掉尿布了，或許是因為艙壓、搭飛機太開心的關係，第一天就用掉一半的尿布量。還好在日本購買尿布滿方便的，只要到各大嬰兒用品店就可以買到，如果真的不知道住宿附近哪邊有母嬰用品店，一般來說便利商店也可以買到小包裝五片裝的尿布，但通常都是 M、L 號。

後來雙圓戒尿布後出門，我會計算時間提醒她們上廁所，或看到洗手間我就會詢問孩子是否要上洗手間，每餐餐後也會帶著孩子一起去洗手間，幾天下來也沒有遇到尿急找廁所的問題。

Q 3. 副食品怎麼準備？

日本的飲食跟台灣滿接近的，再加上便利商店販售許多熟食和微波食品，對已經開始吃米飯的孩子來說，飲食很方便不是問題。日本人習慣吃硬米飯，所以鮮少有粥料理，現在某些中國客人較多的飯店自助早餐會有提供清粥品。

一般來說，日本餐廳不接受打包，但自己帶燜燒罐裝自己點的餐點給孩子

雙圓五歲和三歲時，我們家準備推車及推車踏板出遊。

吃通常是被允許的。若是剛剛開始吃副食品的嬰幼兒，可以攜帶燜燒罐和少量的米，在飯店利用熱水壺製作簡單的燜燒罐料理。

我的作法是會到便利商店買些麵條來燜，或是出門前燜燒罐裝熱水，點餐時放些熟米飯進去燜給孩子吃。

▶ 燜燒罐及保溫杯是外出泡牛奶、燜副食品的必備用品

Q 4. 出國需要準備哪些備用藥？

除了基本的家庭備用藥（如感冒、腹瀉、止痛、止咳、流鼻水⋯⋯等等），建議攜帶防蚊防曬用品及嬰幼兒潤膚乳，日本氣候偏乾燥，要多注意肌膚保濕，避免孩子因肌膚乾癢抓傷。

Q 5. 要不要加保旅遊平安險？

對我來說這個答案是肯定的。不論是否與孩子同行，自助旅行最好要投保：含海外急難救助醫療的旅遊平安險、旅遊不便險。

海外就醫的醫療費用驚人，旅平險中含有海外急難救助醫療，可以減輕許多金錢上的負擔，在國外生病不舒服時，也不需要擔心高額的醫療費用而不敢去醫院。

廉價航空遇到班機延誤或停飛，不會協助處理食宿，這對帶小孩出國的家長來說是存在一些風險的。廉價航空通常只會提供兩個選項：退錢或改搭後續班機。等待班機的時間衍生的食宿、請假等問題，旅客要自行負責，所以最好有旅遊不便險來支付食宿費用，畢竟小孩不比大人，很難睡在機場。

Q 6. 在日本怎麼行動上網？

- **電信公司漫遊**：需事先在台灣開通並且設定，雖然偶有特價活動，但超過使用流量也有最高收費的規定。

- **免費無線網路**：日本無線網路普及，機場、便利商店及大城市有許多免費的 WiFi 網點可以使用。免費網路比較不方便的是必須要事先查詢地點定點使用。

- **WIFI 分享器**：目前在台灣有許多家可以租賃日本行動上網分享器的公司，部分商家有可以日本機場取機還機的服務。視機種不同，WiFi 無線連接最多同時十～十四台，是親戚朋友一起出遊時最佳的選擇。缺點就是要多帶一台機器和行動電源，團體間如果分開行動就有人無法使用網路。

- **日本網卡**：就像手機 SIM 卡一樣，只要更換手機卡片後開卡就可以使用，視卡片種類不同而有天數及流量的限制，頻寬比較低，網速比分享器和漫遊慢，但 SIM 卡較便宜、方便又省行動電源的電力。部分卡片需要開卡及設定，不建議多人分享使用。

3. 小孩搭飛機初體驗

近年來由於廉價航空班次增多，許多爸媽都帶著孩子一起出國旅遊，因為即使超過兩歲，一家四口搭乘廉價航空也是能省一些機票費用，像我們一家四口搭廉價航空去沖繩，機票部分約花費二萬零二百台幣，等於一人機票約五千元，四人的廉價航空機票還是可以比傳統航空省個幾千塊左右。

★ 傳統航空

雖然票價比起廉價航空稍貴，但傳統航空還是有它的優勢，購買早鳥票或是特價機票也是可以買到好價位，而且傳統航空有提供玩具、餐點、電視、撲克牌……等等，可以幫助孩子轉移注意力，避免小孩哭鬧影響到他人。當備品攜帶不足時，傳統航空一般都有準備基本的尿布、奶粉。泡奶所需要用到的熱水、冷水，也可以向空服員索取！每一家航空公司提供的玩具都不同，我們家就有拿過小飛機、撲克牌、貼紙簿……

等等。原本起降時孩子不肯自己乖乖坐好綁安全帶，沒想到空姊一拿撲克牌出來，小芋圓就乖乖玩到睡著了！兒童餐點的部分，有兩歲以下的嬰幼兒餐點和專為兩歲至十二歲兒童而設的餐點，其他餐點也有水果餐可以選擇。

★ 廉價航空

廉價航空雖然沒有傳統航空方便，也不提供免費飲水，且大部分規定不能攜帶外食。但機上的自費餐點選擇豐富且充滿異國特色，有別於一般航空的飲食。飲水部分，出關後至候機室就有飲水機可以裝水，建議帶水壺跟保溫壺，一個裝熱水、一個裝冷水，這樣就可以在飛機上泡奶。

▶ 廉價航空上不提供免費飲水，可攜帶水壺至候機室的飲水機裝水上飛機。

👉 寶寶初次搭機友善小紙條

★ 中文 ★

你好，我的名字叫 _____ 。這是我第一次搭飛機出國玩，我非常開心，如果有打擾到你，請多多包涵喔！

★ 英文 ★

Hello, my name is _____ . This is my first time on an airplane. I'm so excited. Please excuse me for such a bother!

★ 日文 ★

はじめまして、わたしは_____ と言います。今日は初めて飛行機で外国へ遊びに行って、とてもお楽しみにしていますが、ご迷惑をおかけしてしまったら、本当にすみません！

爸媽們帶著孩子搭乘廉價航空，建議可以準備一些不會發出太大聲音的食物。

廉價航空雖然勸導禁帶外食，但是對於小朋友吃點小零食沒有太硬性的規定，一般空服員都不會制止，我個人會事先將糖果、餅乾拆包裝後裝進孩子防打翻的零食盒裡面，避免在機上拆包裝時引起旁人側目。自行攜帶一枝筆和小本畫冊、貼紙簿、兒童平板電腦，讓孩子在飛機上打發時間也是不錯的方式。由於廉價航空機上的空調較冷，盡量讓孩子穿薄長袖、長褲，或者幫孩子帶一件薄外套。

4. 廉價航空的機票怎麼買？

目前台灣飛往日本的廉價航空有捷星、樂桃、台虎、酷航、香草航空，廉價航空常有促銷優惠，加入廉價航空粉絲團、會員才能充分掌握資訊。若是想要搶購限時限量的特惠價格，建議先加入會員並且登錄個人資料，或先將乘客基本資料建檔好，搶購時才能比別人快一步完成訂票程序。

購買廉價航空的機票需要注意的事情不少，像是機票價格不包含餐點、水、託運行李重量，選位加價……等。託運行李重量及餐點可視個人旅行需求選購，預先上網選購或是購買機票的優惠組合，都會比現場購買來得划算。如果回程託運行李重量超重也沒有關係，廉價航空在起飛前一天或當天還可以上網加購行李重量。

廉價航空座位比傳統航空窄，排距也較短，帶孩子搭廉價航空可以加價選擇前幾排空間比較寬敞的座位，增加旅途中的舒適度。選擇班機班次的時候，盡量選擇接近孩子休息的時間，以不影響平常生活節奏為優先。搭乘廉價航空建議加價挑選連坐號碼，避免被拆開座位的情況。某些航空的系統已經預先幫你加價選位，如果不需要選位記得刪除勾選。

另外，改航班時間或變更乘客資料都需要額外的變更費用，航班訂購後除非有重大變故，否則很難申請退費。我個人有訂購廉價航空辦理退費的經驗，兩次都是遇到身體不適住院，申請醫生證明近期不適合搭飛機後，廉價航空給了我一張等值機票的代金券，開票後的六個月內要使用完畢，否則視同放棄。

★ 座位選擇

登機前先泡好牛奶放在保溫袋，這樣上飛機後立即可以給小孩餵奶安撫。座位也可以選擇靠走道、接近廚房或洗手間的位置，這樣不論是上洗手間或是請空服員幫忙都較為方便。親餵的媽媽也可以帶一條哺乳巾，坐在後座方便餵

奶又隱密，哺乳巾也可以讓孩子保暖或是玩耍。注意機上位置較小，容易打翻飲料，也記得要幫孩子多帶一套衣物喔！廉價航空日本線鮮少有空位，若預算足夠，也可以多購買一個座位讓孩子可以躺著睡。有些廉價航空不定期推出第二個位置的優惠專案，有需求的父母可以參考一下。沒有加價選位又想要坐一起的旅客，建議提早辦理劃位手續，以及排人工劃位，因為自助機器劃位可能把孩子跟大人的位子分開劃位。

入境卡、申告書填寫及注意事項

　　二〇一六年開始日本新版外國人入境卡填寫變得很簡單，外國人入境卡上面有三種語言：中文、英文、日文，所以在書寫方面不需要太過擔心。像我每年跑日本大概將近十次，累積下來多次日本出入關心得，就讓我來說明一下入境卡、申告書怎麼寫、哪裡拿？

哪裡可以取得外國人入境卡及申告書？

★ 旅行社團體旅遊或跟旅行社買機加酒

　　可向旅行社索取，或旅行社會幫忙填寫。

★ 個人自由行

　　「外國人入境卡」：可在飛機上跟空服人員索取，或是在過海關入關前的櫃檯拿取。

　　「申告書」：可在飛機上跟空服人員索取，或是在領取行李附近的櫃檯拿取。

★ 入境流程

1. 事先填寫好外國人入境卡及申告書。
2. 下飛機後，跟著指示牌走到出關口。
3. 走外國人通道，並且遵從指示排隊出關（此處請勿拍照）。
4. 提交護照、外國人入境卡給海關，入境卡在此時會回收（此處請勿拍照）。
5. 領取行李（此處請勿拍照）。
6. 走申報通道出關，提交申告書（此處請勿拍照）。

外國人入境卡填寫方式

外国人入国記録　DISEMBARKATION CARD FOR FOREIGNER　外國人入境記錄
英語又は日本語で記載して下さい。Enter information in either English or Japanese. 請用英文或日文填寫。　　　　　　　　　　【ARRIVAL】

① 氏　名 Name 姓名	Family Name 姓(英文)		Given Names 名(英文)	
② 生年月日 Date of Birth 出生日期	Day 日 日期 Month 月 月份　Year 年 年度	③ 現 住 所 Home Address 現住所	国名 Country name 國家名	都市名 City name 城市名

② 生年月日 Date of Birth 出生日期

渡 航 目 的 Purpose of visit 入境目的 ④
- ☑ 観光 Tourism 旅遊
- ☐ 商用 Business 商務
- ☐ 親族訪問 Visiting relatives 探親
- ☐ その他 Others 其他目的 (　　　　　　　　　　)

⑤ 航空機便名 · 船名 Last flight No./Vessel 抵達航班班號
⑥ 日本滞在予定期間 Intended length of stay in Japan 預定停留期間

日本の連絡先 Intended address in Japan 在日本的聯絡處 ⑦ 第一天住宿的飯店名稱／地址／電話　　　　TEL 電話號碼

裏面の質問事項について、該当するものに✓を記入して下さい。Check the boxes for the applicable answers to the questions on the back side.
對反面的提問事項，若有符合者請打勾。

⑧
1. 日本での退去強制歴 · 上陸拒否歴の有無
Any history of receiving a deportation order or refusal of entry into Japan
在日本被強制遣返和拒絕入境的經歷　　　☐ はい Yes 有　☑ いいえ No 無

2. 有罪判決の有無（日本での判決に限らない）
Any history of being convicted of a crime (not only in Japan)
有無被判決有罪的紀錄（不僅限於在日本的判決）　☐ はい Yes 有　☑ いいえ No 無

3. 規制薬物 · 銃砲 · 刀剣類 · 火薬類の所持
Possession of controlled substances, guns, bladed weapons, or gunpowder
持有違禁藥物、槍炮、刀劍類、火藥類　　☐ はい Yes 有　☑ いいえ No 無

以上の記載内容は事実と相違ありません。I hereby declare that the statement given above is true and accurate. 以上填寫内容屬實、絕無虛假。
署名 Signature 簽名　　⑨ 與護照上相同的簽名

◀ 外國人入境卡正面

❶ 姓名：填寫護照上的英文拼音，姓、名分開寫。

❷ 出生年月日：日／月／西元生日。

❸ 現住所：目前所居住的國家及都市，我都是直接寫日文漢字「台灣／台北」。

❹ 入境目的：一般自由行都只會勾選「旅遊／觀光」，其他拜訪目的請據實勾選。

❺ 抵達航班編號：本次來日本時所搭的班機編號，例如：IT200。

❻ 預定停留期間：寫上旅行天數，例如：預計停留五天就寫五日。

TIPS：
此處容易被海關詢問的問題：
一個人來嗎？來這邊做什麼？

❼ 在日本的聯絡處／電話號碼：通常我會寫第一天的住宿地點，之前只要寫飯店名稱和自己的電話，但現在最好填寫詳細資料（飯店名稱、地址、電話），需要以日文或是英文填寫。

❽ 必答問題：這三個問題與背面的問題相同，請看背面問題，並據實勾選。

❾ 簽名：確認以上資料正確後，在這個欄位簽上護照上的簽名。

＊入境卡背面有三個提問事項，其實就是正面❽的詳細問題，請據實回答正面❽的「Yes／No」即可。一般人都是勾選No，勾選Yes可能會被拒絕入境。

▶ 外國人入境卡背面

モ.ロ.No 出入国記録番号　　　区分
HTTL　7219575　　61

【質問事項】【Questions】【提問事項】

1. あなたは、日本から退去強制されたこと、出国命令により出国したこと、又は、日本への上陸を拒否されたことがありますか？
Have you ever been deported from Japan, have you ever departed from Japan under a departure order, or have you ever been denied entry to Japan?
您是否曾經有過被日本國強制性的遞送離境、被命令出國、或者被拒絕入境之事？

2. あなたは、日本国又は日本国以外の国において、刑事事件で有罪判決を受けたことがありますか？
Have you ever been found guilty in a criminal case in Japan or in another country?
您以前在日本或其他國家是否有過觸犯刑法並被判處有罪的經歷？

3. あなたは、現在、麻薬、大麻、あへん若しくは覚せい剤等の規制薬物又は銃砲、刀剣類若しくは火薬類を所持していますか？
Do you presently have in your possession narcotics, marijuana, opium, stimulants, or other controlled substance, swords, explosives or other such items?
您現在是否擁有麻藥、大麻、鴉片及興奮劑等限制藥物或槍枝、刀劍及火藥類？

公用欄
Official Use Only

KA6HTTL72195761

攜帶物品申告書填寫方式

（A面）　日本證稅關　物品式C第5360-B號

攜帶品・另外寄送的物品 申告書

請填寫下列與背面表格，並提交海關人員。
家族同時過關時只需要由代表者填寫一份申告書。

| 搭乘班機（船舶）名 | | 出 發 地 | 台灣 |
| 入 國 日 | 年 月 日 | | |

英 文 名

姓 名

現在日本住宿地點　**第一天的住宿資料**

電 話

職 業　台灣　職業　デザイナー

出生年月日　年 月 日

護照號碼

同行家人　20歲以上 3 人　6歲以上20歲以下 1 人　6歲未滿 2 人

※ 回答下列問題，請在□內打「✓」記號。

1.您持有以下物品嗎？　　　　　　　　　　　是　否
　①禁止或限制攜入日本的物品(參照B面)　　□　✓
　②超過免稅範圍(參照B面)的購買品、名產或禮品等　□　✓
　③商業貨物、商品樣本　　　　　　　　　　□　✓
　④他人託帶物品　　　　　　　　　　　　　□　✓
　＊上述問題中，有選擇「是」者，請在B面填寫他人同時攜帶的物品。

2.您現在攜帶超過100萬日圓價值的現金或有價證券嗎？　　是　否
　　　　　　　　　　　　　　　　　　　　　□　✓
　＊選擇「是」者，請另外提交「支付方式等攜帶進口申告書」。

3.另外寄送的物品　您是否有人國時隨身攜帶、或以郵寄等方式、另外送達日本的行李(包括搬家用品)。
　　　　　　　　　□ 是 （ 個）　✓ 否

　＊選擇「是」者，請人國時攜帶人境的物品記載於B面，並向海關提出此申告書2份，由海關確認。(限人國後六個月以內之輸入物品)
　另外寄送的物品通關時，需要海關確認過的申告書。

【注意事項】
在國外購買的物品、受人託帶的物品等，要帶進關時，依據法令，須向海關申告且接受必要檢查、敬請合作。另外，漏申告者或是虛假申告行為，可能受到處罰，敬請多加留意。

茲聲明以上申告均是正確無誤。

旅客簽名　**與護照上相同的簽名**

（B面）
※请把入境的时候携带的物品填入下面的表（A面的第1和第3的提问都选择「否」的旅客不需要填入。）
（注意）在其他物品的名上只填自用的物品，不需填写各品种的总额不超过1万日元的物品（掳境外市价），也不需或分类运输的物品的详细的内容

酒	類		瓶	★海关记入
烟 草	香烟		支	
	雪茄		支	
	其他		克	
香	水		盎司	
其他物品的品名	數 量	价	格	

★海关记入　　　日元

【禁止携入日本的物品】
① 麻药、向精神药、大麻、鸦片、兴奋剂、摇头丸（MDMA）等
② 手枪等枪支、这些枪支的弹药及零件
③ 爆炸物、火药类、化学兵器的原材料及病症细菌等的病原体等
④ 货币、纸币、有价证券及信用卡等的伪造物品等
⑤ 黄色杂志、激光视盘等(DVD)、以及儿童色情物品等
⑥ 假冒名牌商品、盗版号侵害知识产权的物品等

【限制携入日本的物品】
① 猎枪、气枪、以及日本刀等的刀剑类
② 根据华盛顿条约限制进口的动植物及其制品（鳄鱼、蛇、龟、象牙、麝香及仙人掌等）
③ 有必要事前检疫的动植物、肉类产品（包括香肠、牛肉干等）蔬菜、水果及大米等
　＊有必要事前进口-检验检疫在检受理。

【免税范围】（乘务员除外）
・酒类 3瓶（760ml/瓶）
・香烟，外国制品和日本制品每个都是 200支以内的免税范围（不在日本的旅客的免税范围且住在日本的多一倍，总之每个都400支以内的免税范围）
　＊关于未满20岁的人不适用酒类和烟草的免税范围。
・香水 2盎司（1盎司是28ml）
・境外市价的总额不超过20万日元的物品（只限入境者自用的物品。）
　＊价格超过20万日元以上的一个物品，价格全部上税。
　＊关于未满6岁的幼儿，除了玩具等几本人使用的物品以外，不适用免税范围。
根据法令，到日本入境的所有的旅客需要填写申报单并提交海关。

◀ 攜帶物品申告書（中文版）

注意事項：

1. 攜帶物品申告書可以在飛機上向空服員索取，或是在日本機場提領行李處拿到，出關時交給海關人員即可。
2. 家族同時過關，只需要代表者填寫一份申告書。
   舉例來說：我們夫妻跟兩位阿姨一起入關，由我代表填寫一份申告書。我們夫妻和兩個孩子、阿嬤、阿姨，也可以由我代表填寫一份申告書。但也有發生過我們夫妻跟我妹妹、妹夫兩對夫妻出關，不讓我們寫同一張申告書的情況，解釋是姊妹同一個家族也不行。
3. 申告書必須要填寫「職業欄」，在這邊分享我們家常用的職業欄。
   中文：家管；英文：Homemaker；日文：主婦
   中文：設計師；英文：Designers；日文：デザイナー
   中文：業務員；英文：Sales；日文：営業マン
4. 正面問題全部回答否，則不需要填寫背面資料。
5. 確認填寫申告書後，請簽名。
6. 建議申告書用英文或日文填寫。

TIPS：此處容易被海關詢問的問題：

＊ 你們一起的嗎？你們是什麼關係？
＊ 來這邊做什麼？停留幾天？要去哪邊？
＊ 有攜帶××××× 嗎？（會拿照片給你看）
＊ 請稍等一下，可以搜身？介意在這邊搜身嗎？（女性遊客會請女海關過來搜身，仔細到胯下和胸罩內都會被觸身檢查。）

租車自駕
注意事項

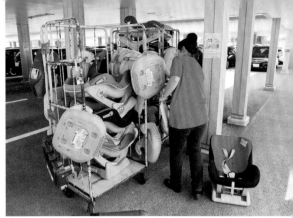

▲ 租車時記得先預約安全座椅

1. 日本租車須知

　　自駕遊日本是最輕鬆且適合帶孩子旅遊的方式，孩子累了上車就可以休息，不需要舟車勞頓地換地鐵、巴士。若是想要嘗試一下在國外開車的感覺，我想日本一定是初體驗的首選。由於日本人非常遵守交通規則，在郊區開車的車速也不會很快，加上沿路美景美不勝收，在日本開車真的很享受。

★ 出發前往日本前

　　如果打算在日本自駕，請先在台灣的監理所辦妥駕照的日文譯本（請參考交通部公告的「台日駕照互惠」須知），當天辦理即可領取。

★ 日本租車需要注意的事項

- 租車的時候必須要出示台灣駕照、日文譯本及護照。
- 拿到車子後，要跟交接員仔細地檢查車子，若有擦撞痕跡請告知交接員並拍照存證。

- 部分租車公司以租車二十四小時方案租車，若未滿十二小時還車，會以十二小時計算並退款差額。
- 日本交通法規規定，未滿六歲的孩子必須要乘坐安全座椅。
- 須考慮租車費用是否含免責補償以及營業損失賠償。
- 如果遇到下雪的天氣，要詢問前往的地點是否需要租用雪鍊（東北地區租車可能會遇到這種情況，但請避免在雪地開車）。
- 詢問還車時是否要加滿油歸還？是否要保留加油收據？（大部分都需要加滿油後再還車）

★ 交通事故 & 賠償金額

　　若是與他人發生交通事故，請報警並索取事故證明（事故證明可以作為申請理賠的依據），並聯絡租車公司處理。

★ 車上導航

　　雖然不是每一台導航都有中文語音，不過導航都是日文漢字，出發前請服務

◀ 交車時請詳細檢查車子狀況，並拍照存證。

人員教學一下，幫忙設定第一個景點，一下子就學會了喔！日本的導航最方便的就是可以輸入該地點的電話號碼或MAPCODE（マップコード），就會導航到目的地。

例如：要去名護鳳梨園，就輸入名護鳳梨園的MAPCODE：206 716 467*26

建議大家大景點輸入電話號碼、MAPCODE導航，小景點使用手機Google導航較不易出錯。

因為電話號碼、MAPCODE導航有可能因為記錄的資訊錯誤，而引導錯方向，我個人還是習慣使用Google導航，出錯率最低。

★ 駕駛時的注意事項
• 日本為右駕，方向燈跟雨刷也是相反的。
• 日本導航在行駛的狀態下是無法使用的，如果在行進間想要變更地點，請將車子安全地靠邊停駛再設定導航！

★ 還車的注意事項
• 還車時先加滿油，並且收好加油收據，在交車時一併附上加油收據。
• 若有使用ETC，還車後需要計算ETC過路費，請多預留三十分鐘的等待時間。

▲ 車內配備的車上導航，最常使用的功能就是電話號碼、MAPCODE導航。

什麼是 **MAPCODE** ？
MAPCODE的日文為マップコード，是日本全國獨有的地圖號碼，MAPCODE可使用手機APP或網站查詢，並在導航上設定MAPCODE為目的地。

如何找出景點的 **MAPCODE** ？
要查詢MAPCODE，可上Mapion網站（http://www.mapion.co.jp/），在首頁上方輸入想要查詢地點的關鍵字，點選「檢索」即可搜尋觀光景點、名店小吃的MAPCODE。
或是下載手機APP「NAVICON」來搜尋MAPCODE。

Mapion 網站

▼ 還車時記得先去加滿油

★ 加油的注意事項

- 日本的加油站除了有可以看到加油箱的傳統加油站之外，還有油槍懸吊式的加油站，雖然空空蕩蕩的好像修車廠，但眞的是加油站！

- 加油的時候跟服務人員說：「蠻嗡」（満タン，man tan）爲加滿油的意思，與中文「蠻嗡」發音類似。

- 在租車時拿到的一疊資料中，會有一張加油方式和還車地點附近的加油站地圖。如果沒有這份資料也沒關係，出發前稍微注意一下周邊是否有加油站就好了（在接近還車點加油即可）。

★ 還車時找不到加油站，怎麼辦？

如果你眞的找不到加油站加油也沒關係，可以直接把車開回還車點，告知沒有加油，這樣會遇到以下兩種情況：

- 在計算 ETC 費用的時候，對方也會計算油費進去（收費會稍微比加油站貴一些）。

- 對方會直接帶你去附近的加油站加油。

★ 關於高速公路的過路費

租車時可以租用 ETC，或是走一般收費道自付現金。有一些特定的觀光路線會有優惠方案，像我在名古屋租車時，就有租昇龍道兩天一夜 ETC 方案，是在既定的路線內兩天一夜的優惠價格，超過路線則要另外付費。如果是走一般收費道，收費口的機器有上下兩個出票口，

▲ 日本高速道路的通行券

機器會偵測車子高度，然後出一張通行券給你，等到下一個出口就會有收費員跟你要這張券收費囉！

2. 行李怎麼帶？車子大小怎麼租？

日本法規規定，未滿六歲的兒童必須要乘坐安全座椅，在考量車子大小時，要把孩子的座位考慮進去。若是攜帶的大型行李比較多件，則必須預留一個座位空間放行李。另外，一般轎車的後車廂，若是沒有加大空間設計，放不下兩個二十九吋行李，可能會造成後車廂門蓋不起來。

▼ 未滿六歲的兒童必須要乘坐安全座椅

👉 依據人數、行李建議租用的車型

乘車人數	行李數量	車型	空間舒適度
2 名大人	28 吋行李 X2	S 級別油電混合轎車 5 人座	寬敞
2 名大人＋2 名兒童	28 吋行李 X1＋27 吋行李 X1＋推車 X1＋背包 X1	S 級別油電混合轎車 5 人座	適當
4 名大人＋2 名兒童	28 吋行李 X2＋20 吋行李 X2＋26 吋行李 X1＋背包 X2＋旅行袋 X1	WB WB-B クラス（ワゴン）7 ～ 8 人座	寬敞
5 名大人	28 吋行李 X3＋24 吋行李 X1＋20 吋行李 X1＋背包 X2	WB WB-B クラス（ワゴン）7 ～ 8 人座	適當

國際通上便宜的收費停車場在哪裡？

不少人跟我一樣喜歡住宿在國際通附近，但國際通上的停車場收費單價不便宜，如果自駕需要停車過夜的話，一整晚下來的花費也不少，要如何在國際通省停車費用是一門學問。

基本上在沖繩的停車費大約是二十四時七百～八百日幣，但國際通的停車場費用則大多都是三十分鐘一百日幣或是二十分鐘二百日幣，十二小時最大料金大約是收費九百～一千日幣，還要注意每個時段有不同的收費標準，若是不謹慎地精打細算，過夜的停車費用可不便宜。

1. 如何住宿在國際通附近又省停車費呢？

1. 選擇有附收費停車場的飯店，這類飯店停車收費通常比較合理。
2. 住宿在離國際通走路十分鐘左右，或是一站單軌距離的飯店，停車收費較國際通上便宜許多，想逛國際通再走過去或是搭一站單軌電車。
3. 尋找十二小時制五百～七百日幣的停車場，充分掌握停車時間。
4. 建議大家不需要整個旅程都租車，因為租車一天也要一千台幣左右，可安排旅程第一天或是最後一天住宿國際通，搭乘單軌電車至那霸機場國內線，搭計程車還可以直接在國際航廈下車，從國際通到那霸機場的車資大約一千五百日幣左右，比較划算又可以省停車費。

2. 國際通上的便宜停車場在哪邊？

國際通大街上的停車費用高，轉進小巷子裡面的收費也大多是十二小時九百日幣。

我發現有幾間停車場十二小時制／最大料金五百～七百日幣。

- 改造車・車高的低い駐車はお斷り致します。
- 1000円札、新500円玉、100円玉が使用出来ます。
- 故障又は緊急連絡先 えんパーク緊急センター 050-3777-5715
- 当駐車場內での盜難・事故等については一切責任を負いませんのでご注意下さい。

駐車場用地を探しています。 0120-16-0660 トータル・センター

如果看到最大料金五百日幣，千萬不要急著停進去，先仔細看最大料金的使用規則（時間、日期……等等）。有的是平日某時段的最大料金，有的是假日某時段的最大料金，每一間停車場的收費規定都不一樣。

舉例某間停車場來說：

時間	日幣	最大料金
平日 10:00 ～ 22:00	30 分 ¥100	¥600
六日 10:00 ～ 22:00	30 分 ¥200	¥1,500
夜間 22:00 ～ 10:00	60 分 ¥100	¥500

這樣就必須在晚上十點以後進場，早上十點之前出場，才會收費五百日幣。如果是晚上九點進場停車，早上十點之前出場，可能就會被收取其他時段的停車費用。

👉 國際通附近最便宜的停車場

★ 12 小時制 ¥500 ★

停車時段 20:00 ～ 8:00
12 小時制 ¥500
導航設定
餃子屋弍ノ弐那覇店
〒 900-0013 沖繩縣那覇市牧志 2-4-7
📞 098-867-4322

★ 12 小時制 ¥700 ～ 800 ★

停車時段 22:00 ～ 10:00
12 小時制 ¥700
導航設定
Condominio Makishi 公寓飯店
〒 900-0013 沖繩縣那覇市牧志 3-9-22
（詳細位置就在 Condominio Makishi 公寓飯店旁邊）
📞 070-5489-1650

另外，在沖繩教育出版駐車場附近，有幾個 12 小時制 700 ～ 800 日幣左右的停車場，而沖繩教育出版駐車場本身就是 12 小時制 800 日幣的停車場。

★ 24 小時制 ¥700 ～ 800 ★

導航設定
HOTEL ESTINATION
ホテルエスティネーション
〒 900-0032 沖繩縣那覇市松山 2-3-11（國際通走路 10 分鐘左右，24 小時最大料金 700 日幣。就在 HOTEL STINATION 左後方走路不到一分鐘的距離）
📞 098-943-4900

不租車也可以玩沖繩

1. 搭那霸單軌電車超簡單

　　如果搭乘午去午回航班，建議旅程的第一天跟最後一天都不租車，藉此省點旅費，可以搭乘那霸單軌電車進出機場，因為那霸機場內也很好買、很好玩，搭單軌電車也好有趣喔！

★ **如何搭沖繩單軌電車？**

　　單軌電車要在國內線航廈搭乘，出關後，直接跟著單軌電車的標誌走，前往國內線航廈二樓搭乘單軌電車進那霸。

　　航廈之間有 LCC 接駁車，但兩航廈距離非常近，用走的也滿輕鬆的。

　　國際線航廈出口就可以看到不遠處的國內線航廈大樓，國際線航廈與國內線航廈之間有一小段距離，抵達國內線後上了二樓順著指標走就可以看到單軌電車車站。沖繩的單軌電車只有一條路線，那霸空港站是最後一站，不必擔心坐錯方向。

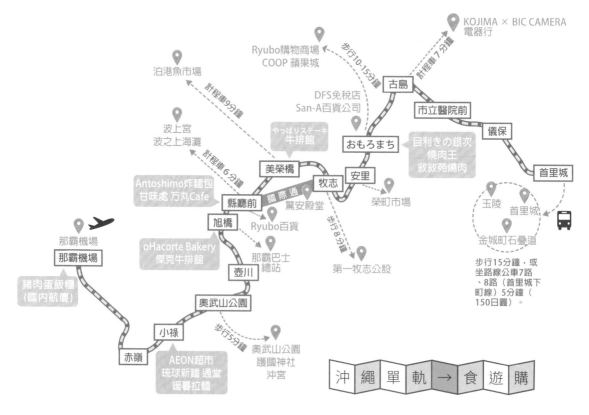

👉 單軌電車購票說明

那霸單軌電車票券有分單程券跟一日券、二日券（二十四小時制），也可以購買沖繩專屬的 OKICA（IC 儲值卡）搭乘單軌電車。以上票券皆可直接到售票機購買。

★ QR 一日券、二日券★

- QR 一日券票價：成人 700 日幣，兒童 350 日幣，有效期限自購票時間起二十四小時。
- QR 二日券票價：成人 1200 日幣，兒童 600 日幣，有效期限自購票時間起四十八小時。
- 兒童票限未滿十二歲兒童使用。
- 一、二日券（二十四小時制）適用於全區間，可不限次數搭乘。
- 未滿六歲的兒童在大人陪同下，最多以兩名兒童為限免費搭乘，第三位起將以兒童票計價（日本交通工具通常六歲以下不收費）。
- QR 單程票僅限發售當日、單程一次有效。

★ OKICA（IC 儲值卡）★

- 售價為 1000 日幣、2000 日幣、3000 日幣、4000 日幣、5000 日幣及 10000 日幣共六種（售價內含 500 日幣押金）。
- 如 OKICA 餘額不足時，可於售票機以 1000 日幣為單位進行加值。

👉 單軌電車購票步驟

Step ❶ • 先選擇購票

▼

Step ❷ • 點選前往的目的地

▼

Step ❸ • 點選搭乘人數

▼

Step ❹ • 投入紙鈔或零錢

Step ❺ • 取票及找零

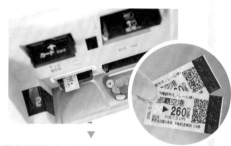

單軌電車車票上有一個條碼，經過驗
票閘口時，將條碼朝下放置在刷票掃描處，聽到逼
逼聲就代表刷成功，可以過閘口。

單軌電車大約十至十五分鐘
一台車，車速很慢，而
且車上還播放著沖繩
三線琴音樂呢！

> **TIPS：**
> 從機場搭乘計程車前往國際通大概
> 1200 ～ 1500 日幣左右的車資，人多的話
> 一起分擔也不錯（但一般計程車後車廂，
> 大約只能放 **28** 吋＋ **27** 吋兩個行李而已）。

2. 一日遊觀光巴士 或包車

除了搭乘單軌電車遊覽那霸市區外，也可以選擇當地一日遊觀光巴士或是多人包車。目前在台灣可向 KLOOK、KKday 等旅遊平台線上預約，對於不懂日語的旅客來說真是一大福音。

★ 一日遊觀光巴士

如果都是住宿在那霸市區，選擇搭乘觀光巴士旅遊，不僅免去長途開車的勞累，巴士位置大、乾淨又舒適，且一次可以參觀好幾個景點，比自行搭公車轉乘輕鬆許多，費用相對也便宜不少。建議大家訂購觀光巴士行程時，要確認費用中是否有包括景點的門票費用喔！就跟一般旅行團一樣，有些景點只是車上瀏覽，有些景點需要自費門票或是午餐，這些都是訂購觀光巴士時需要注意的內容。

最推薦的就是「Hip Hop 觀光巴士」，擁有五條觀光路線，行程豐富多樣，像是沖繩知名景點：名護鳳梨園、古宇利島、沖繩美麗海水族館、萬座毛、海中展望塔、美濱美國村、首里城公園、沖繩世界文化王國……等，車上配有免費 WiFi 可使用，多語言語音導覽（日語、英語、中文、韓語、泰語、西班牙語、俄語），巴士設備完善。

★ 包車

多人出遊時，可以考慮包車的方式，優點就是可以自由規畫行程，可事前與包車公司溝通景點及路線，隨心所欲前往特色小店及景點。

3. 無行李，空手玩沖繩

★ 當日配送行李服務

早班機抵達沖繩後，若是沒有安排租車，需要攜帶大型行李的遊客，最輕鬆的旅遊方式就是將行李宅配到下塌飯店，然後開始一天的旅程。

以人型行李為例，大型行李寄物櫃價錢為五百～六百日幣，而機場宅配行李至本島飯店價錢約五百～八百日幣，在規定時間內將行李送達宅配櫃檯，當天即配送到飯店。不僅免去帶行李拖拉跑景點、購物，也省了找大型寄物櫃的時間。

黑貓宅急便

🏤 那霸機場國內線 1F
💲 500 日幣（稅入）／件
🕐 7:30 ～ 20:00

寄送方式：

那霸機場 → 沖繩本島飯店
- 早上七點半～十一點半前將行李送到那霸機場黑貓宅急便櫃檯，晚上七點前會送達飯店。
- 早上十一點半以後寄件，隔天中午前送達飯店。

沖繩本島飯店 → 那霸機場
- 提前至飯店櫃檯確認是否有黑貓宅急便送機場服務，機場領件地點在那霸機場一樓的黑貓宅急便。

相關網頁資訊：
http://www.okinawayamato.co.jp/service/rakutin/

JTB 行李宅配服務「手ぶら觀光受付」

🏤 那霸機場國內線 1F
💲 800 日幣／件
🕐 9:00 ～ 19:00
（行李配送到飯店只受理到 13:00）

寄送方式：

這間只配合寄送到沖繩本島三十五家合作飯店，下午一點前把行李寄送 JTB 行李服務櫃檯，當日晚上六點行李會送達下塌飯店。

OAS 航空「手ぶらパック」

🏤 那霸機場國內線 1F
🕐 7:30 ～ 19:00

寄送方式：

寄送到沖繩本島飯店。

親子住宿如何選擇

我最常被問的住宿問題就是，如果是兩大三小或是兩大兩小，該如何訂房呢？

在日本多數飯店規定一間房提供一名六歲以下孩子不加床不加價，少部分的飯店十二歲以下不加床不加價。如果想要睡得舒適些，建議就是按照人數來訂房。若是孩子還小，可以一大一小擠一張日本尺寸的單人床（寬一百一十～一百三十公分），就可以詢問飯店兒童入住的規定（日本床通常偏小，單人床尺寸有可能寬九十公分）。

小粉圓滿兩歲時，我曾經詢問過某飯店單張床的雙人房兩大一小入住的問題。

飯店的回答是六歲以下不加床可免費入住，但這個房型是睡不下兩大一小的。

原因是因為日本的雙人房有分：兩張單人床（Twin）、一張雙人床（Double）、小雙人床（Semi Double）三種房型。小雙人床的床偏小（一百三十～一百四十公分），通常也被拿來當作單人房販售，睡兩個大人剛剛好，像龔少人高馬大的，睡這張床再加上一個小朋友真的有點太擠了。

以我們一家四口為例，兩個孩子都沒有超過六歲。訂房的時候我會特別訂

兩張單人床的雙人房（Twin），並且告知飯店會有兩位六歲以下的孩子一起入住，詢問是否要多加費用。部分飯店只接受一名六歲以下兒童免費入住，另外一名則需要加價。

 ## 沖繩地區十二歲以下免加價的旅館推薦

★ 東橫 INN（Toyoko Inn）

🌐 https://www.toyoko-inn.com/

連鎖飯店品牌東橫 INN，在日本各地有兩百五十四家分店，是國人喜愛的商務旅館之一。許多分店地點極佳，大部分在各大車站旁，帶孩子出入極為方便。目前在沖繩有三間分店，分別是：沖繩石垣島、沖繩那霸奧摩羅町站前、沖繩那霸市新都心歌町。

在日本十二歲以下兒童可免費入住的飯店其實不多，東橫 INN 零至十一歲兒童不加床可免費（不是全部房型），提供免費早餐，加入會員可以提前六個月預訂飯店，享受週日和節日優惠二十％，平日（週一到週六）優惠五％。

★ 美麗海村公寓（Churaumi Village）

🌐 https://xn--p8jtctewau.com/chura/

🏠 〒 905-0204 国頭郡本部町豐原 253-7

零至十二歲（含十二歲）兒童在不加床的情況下可免費與大人同住。

★ 阿札特飯店（Hotel Azat）

🌐 http://hotelazat.com/guestroom/

📠 〒 902-0067 沖繩県那覇市安里 2 丁目 2-8-8

三至十二歲（含十二歲）兒童在不加床的情況下可免費與大人同住。目前有新館與舊館，單人床尺寸有一百一十公分與一百二十三公分兩種。

★ 沖繩坎帕納船舶飯店（Vessel Hotel Campana Okinawa）

🌐 https://www.vessel-hotel.jp/campana/okinawa/

📠 〒 904 -0115 沖繩県中頭郡北谷町字美浜 9 番地 22

鄰近美國村。零至十八歲（含十八歲）兒童在不加床的情況下可免費與大人同住。沖繩坎帕納船舶飯店的雙人兩單床房型，床鋪尺寸有一百二十公分和一百五十公分可選擇。

▲ 沖繩坎帕納船舶飯店的兩單人床房型，床鋪尺寸 150 公分的單人床，睡兩大兩小也很舒適喔！

★ 艾斯汀納特飯店（Estinate Hotel）

📠 〒 900-0032 沖繩県那覇市松山 2-3-11

零至五歲（含五歲）兒童在不加床的情況下可免費與大人同住。單人床的尺寸為一百二十公分，可併床，美式早餐非常好吃喔！

▲ 艾斯汀納特飯店兩單人床房型，單人床寬 120 公分，併床後可睡兩大兩小。

★ 沖繩 EM 科斯塔健康度假 Spa 飯店（EM Wellness Resort Costa Vista Okinawa Hotel & Spa）

🌐 http://www.costavista.jp/

📠 〒 901-2311 沖繩県中頭郡北中城村喜舍場 1478 番地

零至三歲（含三歲）嬰幼兒在不加床的情況下可免費與大人同住（嬰兒床可能會需要付費使用）。四至十一歲（含十一歲）兒童需另付加床費用。雖然四歲以上就要算一個床位，但是房價相較於其他飯店來說便宜、空間又大。不過這家飯店位於山上，自駕者比較方便。

沖繩三天兩夜～
六天五夜的行程規畫

1. 單軌＋一日遊巴士
三天兩夜購物之旅

第 1 天 那霸機場 → 坐單軌至小祿站 → 午餐：通堂拉麵小祿店 → 逛 AEON 那霸店超市
→ 國際通購物 → 晚餐：目利きの銀次（國際通搭計程車 1000 日幣）

第 2 天 參加北部或南部一日遊巴士
Hip Hop 巴士路線 B-1：那霸市發車 → 古宇利島 → 海洋博公園、沖繩美麗海水族館
→ 部瀨名海中公園、海中展望塔 → 美濱美國村 → 抵達那霸市內
Hip Hop 巴士路線 D：那霸市內出發 → 首里城公園 → NIRAI KANAI 橋（從車內欣賞）
→ 知念岬公園、Roas Station Ganjyu、Nanjo City → 沖繩世界文化王國 → 琉球玻璃村
→ 道之驛站糸滿或是 Outlet Mall Ashibinaa → 返抵那霸市區

第 3 天 早餐：豬肉蛋飯糰本店 → 波上宮、波之上海灘戲水（從旭橋站坐計程車 5 ～ 10 分鐘）→
第一牧志公設市場、壺屋 Yachimun 通（單軌：牧志站走路 8 ～ 9 分鐘）
→ 回程那霸機場

2. 單軌＋包車
三天兩夜文化之旅

第 1 天 那霸機場 → 搭至單軌牧志站，到第一牧志公設市場吃午餐 → 波上宮、波之上海灘
（從單軌旭橋站坐計程車 5 ～ 10 分鐘）→ 搭至單軌美榮橋站，到國際通逛街吃晚餐

第 2 天 包車前往北部或南部一日遊
北部：古宇利海灘 → 午餐：花人逢 → 美麗海水族館 → 瀨底島或萬座毛看夕陽
→ 晚餐：永旺夢樂城沖繩來客夢
南部：那霸市內出發 → 沖繩世界文化王國：玉泉洞 × 嘆咖啡 → 午餐：CAFE 薑黃花
→ 齋場御嶽或知念岬公園 → NIRAI-KANAI 橋展望台 → 傍晚：瀨長島沖繩小希臘看飛機

第 3 天 單軌首里站 → 首里城、園比屋武御嶽（聖地）石門、玉陵、金城町石疊道（走路 15 分鐘）
→ 回程那霸機場

3. 自駕
五天四夜親子初訪沖繩之旅

第1天 那霸機場 → 租車 → 午餐：Outlet Mall Ashibinaa → 舊海軍司令部壕公園
→ Antoshimo 炸麵包那霸本店 → 晚餐：暖暮拉麵牧志店

第2天 古宇利海灘 → 午餐：亞熱帶茶屋 → 美麗海水族館
→ 晚餐：永旺夢樂城沖繩來客夢

第3天 中城公園 → 午餐：海鮮料理浜の家 → 海中展望塔 → 萬座毛 →
泊城公園、渡具知海灘看夕陽 → 晚餐：浜屋沖繩麵

第4天 玉泉洞 × 嘆咖啡 → 午餐：CAFE 薑黃花 → 新原海灘
→ 晚餐：七輪燒肉安安 → 驚安殿堂唐吉訶德國際通店

第5天 國際通採買伴手禮 → 還車 → 搭乘租車公司的接駁車前往那霸機場

4. 單軌＋自駕
六天五夜美食之旅

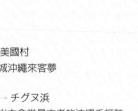

第1天 坐單軌至縣廳前站 → 午餐：暖暮拉麵牧志店 → 國際通購物
→ 晚餐：目利きの銀次（國際通搭計程車 1000 日幣）

第2天 租車 → 逛 AEON 那霸店 → 午餐：通堂拉麵吃男人麵女人麵 → NIRAI-KANAI 橋展望台
→ 海景咖啡 Cafe Yabusachi → 知念岬公園 → 安座真 SanSan 海灘
→ 傍晚：瀨長島沖繩小希臘看飛機 → 晚餐：鳥炭日式居酒屋

第3天 首里城（日本 100 名城） → 金城町石疊道 → 浦添外人區 → 午餐：美國村
→ Myloplus Cafe 海景咖啡 → 晚餐：浜屋沖繩麵 → 晚上逛永旺夢樂城沖繩來客夢

第4天 Malasada 甜甜圈冰淇淋 → 早午餐：古宇利蝦蝦餐車 Shrimp Wagon → チグヌ浜
→ 愛心石潮間帶探訪 → 369 farm cafe 吃入口即化的剉冰 → 小點：岸本食堂最古老的沖繩手打麵
→ 瀨底島戲水看夕陽 → 晚餐：本部牧場和牛燒肉

第5天 鹽川 → しまドーナッツ甜甜圈 → 午餐：燒肉乃我那霸新館 → 真榮田岬、青之洞窟
→ 下午還車 → 晚餐：肉屋 → 國際通買藥妝

第6天 散步至第一牧志公設市場 → 世豐商店 → 驚安殿堂唐吉訶德 → 雪花之鄉
→ 搭乘單軌至那霸空港吃午餐 → 空港國際線四樓景觀台看飛機

5. 自駕
五天四夜四代同堂之旅

第 1 天 租車 → 奧武島 → 中本鮮魚天婦羅店 → 平和祈念公園 → 琉家拉麵
→ Kürtos Kalács 匈牙利煙囪捲 → 國際通買藥妝

第 2 天 早餐：豬肉蛋飯糰本店 → 世豐商店 → 波上宮、波之上海灘 → 午餐：泊港漁市場吃海鮮
→ BLUE SEAL ICE PARK 冰淇淋體驗 → 唐吉訶德沖繩 MEGA 宜野灣店 → 晚餐：なかむら屋

第 3 天 午餐：琉球的牛 → 下午茶：波音咖啡（Seaside Cafe' hanon） → 美國村逛街買藥妝
→ 美國村グルメ迴轉壽司市場美浜店

第 4 天 早餐：Vongo & Anchor → 名護鳳梨公園 → 午餐：On the Beach CAFE → 古宇利海洋塔
→ 古宇利島戲水 → 晚餐：百年古家大家

第 5 天 早餐：PLOUGHMAN'S LUNCH BAKERY 農夫午餐麵包 → Outlet Mall Ashibinaa
→ 還車 → 午餐：LAWSON 便利商店 → 那霸機場

14 個必玩親子公園

▲ 小朋友超愛挑戰的長溜滑梯

沖繩的特色親子公園真的多到讓人眼花撩亂，網路上瘋傳的四大超長溜滑梯公園更是讓人躍躍欲試，既然帶孩子來到了沖繩，當然要來玩一下沖繩有名的巨無霸溜滑梯。

實際來到當地玩了幾個公園後，我發現原來當地正熱門的是豪華版的體能訓練公園，這種新型態的公園在當地可是當紅炸子雞，一抵達就可以聽到孩子們歡樂的笑聲，幾乎都是日本人和外國人的孩子在這邊玩耍，就讓孩子們體驗一下沖繩公園的魅力，與日本孩子做朋友吧！

Tips：沖繩公園情報網站可以查詢到沖繩縣內各大公園資訊，可分區尋找縣內各地區的公園，分類尋找可運動、腹地廣、遊具豐富、大溜滑梯、健康遊具等公園設備。

★沖繩親子公園注意事項★

◎在日本公園內，有明顯的告示牌禁止使用滑板和紙板玩溜滑梯，也禁止大人使用溜滑梯。

◎台港旅客如果有攜帶紙板、滑雪板，請自行將垃圾帶走，不要放置原地或留給他人使用，造成當地民眾困擾。

◎沖繩巨無霸溜滑梯多為鐵製溜滑梯，螺絲和接縫處多、滑道窄，夏天炎熱容易燙到肌膚，速度太快很容易磨傷手腳，建議要穿包鞋或布鞋保護腳，也要穿長一點的褲子防止磨傷肌膚。

◎注意溜滑梯下方是否有其他孩童反向爬行。

◎多處公園都有沙坑，可自行攜帶玩沙工具。

◎公園內並無太多遮蔭處，請記得幫孩子補水及防曬。

◎沖繩公園都備有飲水機或投幣式飲料機。

◎部分公園建設在公墓旁，有忌諱的家長請盡量避開。

沖繩公園情報

◎沖繩公園定期會檢修遊具區域，前往時請查詢網路資訊。

沖繩海洋博公園內的兒童樂園

以沖繩海洋為主題，日本最大規模的網狀攀爬場

▲ 模擬沖繩海流的網狀攀爬場，隨著山坡高低起伏。

〒 905-0206 沖繩縣國頭郡本部町字石川 424 番地

098-048-2741

夏季時期 （3～9月）8:00～19:30
一般時期（10～2月）8:00～18:00
12月的第一個星期三及翌日（星期四）公休

免費入場

553 075 680*55

1.5 歲～成人

洗手間、投幣式飲料機、園區巴士

繩索、彈跳

P7 立體停車場最靠近兒童樂園（免費）

官網

地圖

　　沖繩公園最讓人覺得有趣的就是每一個公園都有各自的主題，像是有野菜、苦瓜、恐龍等等，而這間位於海洋博公園內的兒童樂園則有日本最大規模的網狀攀爬場，以「沖繩海洋」為主題，藍色網子來模擬海流，結合公園內分區分齡的設計，將兒童樂園區分為：「海浪區、黑潮區、大海原區、深海區」，更棒的是利用地勢山坡高低起落，設計繩索、彈跳遊樂設施，表現沖繩四大海域的特徵。

39

全區域地板鋪有厚軟 PU，讓孩子在遊戲中多一些保護，也有專為年紀較小的孩子設計的相關遊樂設施。雙圓遠遠看到這一片藍網，兩個人超興奮的，小粉圓姊姊一下子就不見人影，小芋圓雖然也想要跟著姊姊的腳步，但當有大孩子經過網子震動時，就嚇得大哭了起來，後來就到旁邊的小小孩的遊戲區玩耍。

兒童樂園旁邊是擁有黑潮之海的美麗海水族館，中央噴水廣場在固定時間會有搭配琉球民謠及流行樂的噴水秀，也是非常受到孩子們歡迎的戲水景點，近海處則有免費的海豚表演秀、海龜區，行程規畫時，不妨多留點時間待在海洋博公園，陪著孩子在模擬海流區爬上爬下，消耗一下體力吧！

▼ 年齡層較小的孩子，可以在低網區域先練習攀爬。

宜野座水陸新樂園「ぎのざ」

大型遊具與水遊戲廣場，嗨翻夏季的水陸公園

〒 904-1304 沖縄県国頭郡宜野座村字漢那 1633

☎ 098-968-8787

🕐 9:00～19:00

官網

💲 免費入場

📍 206 204 344*26

👥 1.5 歲～成人

🅿 有

地圖

　　沖繩公園的極限真不是一般人可以想像的。

　　宜野座道路休息站道「ぎのざ」，除了可以玩運動公園的所有設施之外，還有水深十公分的水遊戲廣場讓小朋友盡情玩水奔跑。由於遊具區是道路休息站的設施之一，周邊設施超齊全。整體園區大致分爲四區——大型遊具區、水遊戲廣場、餐廳用餐區、咖啡廳休息服務區，其中水遊戲廣場旁，還有一～四歲小孩的室內遊樂空間，大人可以坐在旁邊的咖啡廳喝咖啡，戲水後也有更衣室可用，這麼舒適的地方，怎麼能夠不來朝聖呢！

　　用餐的食堂空間，裡面有沖繩麵、海苔飯糰、定食等道地的沖繩料理。

大型遊具區有超長溜滑梯、爬繩、彈跳床，還有像是迷宮般的繩索通道，小朋友可以玩得很開心，光是溜滑梯的種類就有三四種，一共三層樓，下面用繩網圈住了，出口有很多個，小朋友在裡面鑽進鑽出的，徹底消耗小朋友旺盛的體力。

水深約十公分的水遊戲廣場，是連幼兒也可以開心戲水的園地，空間相當寬敞，也有遮陽的地方，小朋友看到水就嗨翻了，怎麼可能不讓他們下水玩！

這裡有可以換衣服的多用途洗手間，也有付費淋浴間，投幣式的洗澡浴室在河道的旁邊，是以分鐘計費的淋浴設備。

一旁的大玻璃裡面就是服務區、休息室，裡面有賣甜品飲料冰淇淋，不玩的人可以在裡面休息喝飲料，如果想要吃西餐，二樓也有賣西式午餐餐點。

伊波公園

遊樂設施像巨大水管潛艇，任何角度都可以展望公園

🏠 〒 904-1115 沖繩縣うるま市石川伊波

🕐 全日開放，全年無休

💲 免費入場

📍 33 893 694*57

👪 1.5 歲～成人

🌲 洗手間、投幣式飲料機

🎠 長溜滑梯、網狀盪鞦韆、
　　沙坑、草地、吊繩

🅿 有
　　（免費，只能容納 6 台）　地圖

　　伊波公園是去美麗海水族館的途中遇到的小公園，園區內的長溜滑梯與奧武山公園、本部公園一樣是新型的木片式溜滑梯。遊樂設施造型像是巨大的水管潛艇，每一個高度都設計多個像似潛艇的半圓形透明窗，讓孩子可以在遊戲設施內任何一個角度都可以展望公園，充滿趣味性。公園內還有小朋友最愛的環形網狀盪鞦韆，孩子們面對面地乘風飛高，歡笑聲不斷。

曼塔公園

堡壘可俯瞰城市景觀，還有 45 度角斜面大溜滑梯

🏤 〒 904-2162 沖繩縣沖繩市海邦町 2-13

📞 098-850-4055

🕐 全日開放，全年無休

💲 免費入場

📍 33 595 312

👥 1.5 歲～成人

🌳 停車場旁有洗手間、
　　投幣式飲料機

🎢 超長溜滑梯、斜坡式溜滑梯

🅿 有（免費）　　地圖

▼ 大人也膽戰心驚的坡度

曼塔公園（マンタ公園）共有兩個遊戲區，最吸引人的就是四層樓高的堡壘，登上堡壘可俯瞰周圍的城市景色，還有長七十公尺的巨型溜滑梯非常吸引人。堡壘底座四周設計成攀岩體能訓練，每一個面都有不同的設計，就像是在挑戰關卡一般，引起小粉圓很大的興趣，不斷挑戰自我，試過了不同面的爬坡測驗。另外有一座連大人也躍躍欲試的四十五度角斜面大溜滑梯，我鼓起勇氣挑戰自我才敢下來，小朋友真的太勇敢了！

遠處則有一區較適合年紀較小孩子的木製遊戲區，溜滑梯、爬繩、盪鞦韆等等。

沖繩縣綜合運動公園

超巨大遊具區，可烤肉、露營、水上活動

〒 904-2173 沖繩県沖繩市比屋根 5-3-1

098-932-5114

全日開放，全年無休

免費入場

33 504 133*21

1.5 歲～成人　　　　　官網

洗手間、投幣式飲料機、
野餐、露營、烤肉

大型溜滑梯、彈跳床、吊繩

有（免費）　　　　　　地圖

位於沖繩東海岸的沖繩縣綜合運動公園（沖繩県総合運動公園），有一座二〇一七年新建的超大型遊具，除了有這項新設施之外，原本就有一區兒童遊戲區，另有體育館、球場、游泳池、划船等多項運動設施，還提供營地、烤肉用品與露營用品出租，讓沒有露營裝備的人也能夠輕鬆無負擔地體驗露營的樂趣。

想玩新遊具區請由「南口」進入，新遊具由七個不同形狀與坡度的溜滑梯連結遊具主體，遊具分為三層樓，第一層跳板繩索類，第二層則是跳跳床，經由網狀攀爬設施可以到第三層，第三層的網狀設施設計成通道、吊橋。

整座遊具旁還有一個半月型的攀岩場，孩子們在裡面懸掛半空中、移動攀岩，感覺很刺激。

第二層的跳跳床區分為兩個部分，前後各有半圓形的活動區塊。小芋圓滿喜歡跳跳床的，爬上爬下經過這一區都會彈跳個幾下才又跑到另外一區。

沖繩大型遊具最有趣的設計，就是

除了一般樓梯之外，還有各種不同的通道，讓孩子前往各樓層，可以走攀岩步道，也能夠攀繩狀管子上樓，或是像蜘蛛人一樣攀爬鐵管轉換網子上樓，都非常具有挑戰性。第一層地面上布滿了大

大小小、高度與顏色都不同的圓柱物，孩子可以像跳房子一樣玩，也能夠像踩獨木橋一樣練習平衡感。我們家在這邊玩到鞋脫在哪邊都找不到呢！

　　側邊有兩道溜繩索滑道，距離不短且速度頗快，適合大一點的小孩來玩，玩這兩個滑道的幾乎都是上了國小的孩子。

　　這座獨立的半月形攀岩遊具在現場看還頗嚇人的，跟著箭頭左近右出，爬到最頂端的位置，還可以透過網子看到孩子的情況。因為高度真的很高，我沒想到第一個上去挑戰的竟然是小芋圓，而且順順利利地完成了挑戰，直嚷著下次還要再來呢！

預約烤肉、露營

沖繩縣綜合運動公園有規畫烤肉露營區，如果在天氣涼爽的時候能在這邊露營（靠近海邊），孩子可以在公園內瘋玩一整天，傍晚時再沿著海邊的步道去看海景，回到帳篷處吃準備好的烤肉大餐，真是人生一大享受！

在這邊幾乎你想到的烤肉露營用品都可以租借到，可直接預約烤肉套餐，還能夠租借瓦斯爐等用品，真的非常方便。

溫水提供時間是早上九點到晚上十點，三分鐘一百日幣。

📞 総合案内センター 098-932-5114
　（9：00 ～ 20：00）

💲 一帳 2710 日幣

詳細費用

北玉公園

彩色大溜滑梯，北谷區小而美的親子公園

⌂ 〒 904-0105 沖繩県中頭郡北谷町字吉原 910 番地 1

📞 098-936-0077

🕐 全日開放，全年無休

💲 免費入場

📍 33 497 896*82

👪 1.5 歲~成人　　　　　　地圖

🚻 洗手間、投幣式飲料機

🎠 大型溜滑梯、草皮、跑道、涼亭

🅿 有（免費）

北玉公園是一個小型的親子公園，遊具設施只有彩色長溜滑梯以及草皮、

跑道，卻足以讓孩子們盡情揮灑汗水。

彩色溜滑梯看起來坡度很陡，但中間那段有緩坡區間，小孩溜下來會在這邊減緩速度，再加上下方緩衝區也比較長，孩子們不會一下子就衝出溜滑梯，讓這個大溜滑梯玩起來相對安全許多。

小芋圓好幾次都卡在中間緩坡滑不下來，還有幾個比小粉圓、小芋圓的年齡還小的孩子，也是以這種姿勢溜下，玩得不亦樂乎。

▲ 站在滑台上方拍照，這個角度看起來很陡吧！

　　想要登上這一座長溜滑梯是需要體力的，一旁有階梯上坡，但孩子們都喜歡爬坡上來，爬上爬下的也不嫌累，後來還學起其他小朋友用各種姿勢玩溜滑梯，孩子們站在溜滑梯上就可以將北玉公園景色一眼望盡。

中城公園

巨型帳篷彈跳床，沖繩最大、設備最齊全的親子公園

▲ 三層樓的遊戲區是小朋友的最愛

〒 901-2421 沖繩県中頭郡中城村登又 1319

📞 098-935-2666

🕐 全日開放，全年無休

💲 免費入場

📍 33 410 668　　　　　　地圖

👥 1.5 歲～成人

🚻 洗手間、投幣式飲料機、飲水機、烤肉

◎ 長溜滑梯、體能訓練、盪鞦韆、沙坑、草地、攀岩、健康步道、吊繩、迷宮

🅿 有（免費，150 台）

如果你帶孩子來沖繩時只能選擇一個公園玩，我絕對首推中城公園。

中城公園位於中城城的城跡旁，遊戲區域是超級豪華版的體能訓練區，總共有三大分齡遊戲區，是沖繩目前最大的公園，也是遊戲設施最齊全的親子公園。擁有五座以上的溜滑梯，不論是滑梯型、隧道型、螺旋型溜滑梯皆有，還有一些充滿創意的遊樂設備，另有草原區可讓孩子奔跑，也有烤肉區、露營區可以預約。

公園占地非常廣大，目前開放的區域還不到規畫的一半，遊戲區域還有一條小溪流過，我到訪的當天就看到小朋友拿著網子蹲在小溪邊抓小魚。

雖然這邊沒有怪獸型的超長溜滑梯，但這裡絕對是可以讓孩子玩瘋了的地方，

全家在這邊耗一天都不是問題。

以我們家為例，小粉圓（四歲多）不喜歡玩怪獸型的超長溜滑梯，小芋圓（三歲）一定要大人帶著溜才能玩。但在中城公園，雙圓可以自由地上下各種遊戲設施，自由度很高，未滿五歲的小粉圓在這邊玩得超開心，頭髮都玩到散亂了，還滿頭大汗啊！

南區遊戲區域中有最受小朋友歡迎的豪華三層樓的遊樂設施，攀爬上第一層時有溜滑梯，第二層則是夾層網子，內有一顆大球，第三層為帳篷巨型彈跳床。

由於我們到訪當天是在早上抵達，天氣非常炎熱，我本來以為彈跳床應該會非常燙，沒想到摸了之後發現它並不太會吸熱，難怪日本孩子都可以赤腳在上面玩。

需要注意的是，要爬上最上面一層的彈跳床區，其實有外階梯可以上樓，但孩子大部分是從中央的主樹幹上樓。主樹幹內有像是水管的階梯，像小芋圓這樣懼高的孩子需要多多注意，小芋圓就是爬這邊時，發現自己不敢下去也不敢再爬上去，就卡在水管中哭。

▲ 第一層攀爬上去後是小小朋友的溜滑梯區，第二層則是網子體能區，上面還有一顆大紅球讓孩子們玩耍。

▲ ▶ 最上層是像熊帳般的大小彈跳床

　　周邊還有幾個小小的仙人掌樹坑，彷彿就是孩子們的祕密基地。

　　中央遊戲區域是適合三～十二歲的遊戲區，這邊有較大型的建築遊戲區，有長溜滑梯、隧道溜滑梯、翹翹板、攀岩、障礙步道、攀吊繩等體能遊戲。

　　西區遊戲區域是小小孩專區，有彩色迷宮、可容納數十人的大沙坑，旁邊也有一座小小的雙向溜滑梯，此外也有特別設計用來訓練孩子視覺、聽覺和觸覺感官的感知遊戲設施，四周圍繞著草地，可讓孩子們自由玩耍。旁邊還有一區健康步道，搭配伸展按摩椅，真是適合阿公阿嬤帶孫子來散步！

埔添大公園

沖繩巨無霸溜滑梯的王者，新增大型兒童遊具區

▲ 長度有九十公尺的怪獸級溜滑梯

〒 901-2132 沖繩縣埔添市伊祖 115-1

📞 098-873-0700

🕐 9:00 ～ 21:00，全年無休

💲 免費入場

📍 33 312 044*07

👥 1.5 歲～成人

🚻 洗手間、投幣式飲料機

🎡 超長溜滑梯、沙坑、大斜
面溜滑梯草地、體能訓練

🅿 有（免費，旁邊是公墓）　　地圖

　　沖繩巨無霸溜滑梯在台灣正夯，幾乎每個家庭帶著孩子來沖繩旅行都會來這邊報到，來到海軍壕公園和浦添大公園時，不時可以看到許多華人身影！

　　網路上超夯的四大巨無霸溜滑梯公園，分別是：海軍壕公園、西崎親水公園、浦添大公園、奧武山公園。其中奧武山公園經過整修後，已經不像其他三座公園那樣有超長溜滑梯了（但還是有長溜滑梯）。如果時間排程只能去一個超長

▲ 攀爬、體能訓練類的設施，完全消耗孩子的體力。

▲ 雙圓最愛的沙坑這邊也有喔

溜滑梯公園的話,我推薦彎度較緩但速度較快、長度有九十公尺怪獸級溜滑梯的「浦添大公園」,但埔添大公園讓媽咪們比較介意的就是停車場緊鄰公墓旁邊,當我們停好車後,車尾就是某人長眠地,只好擋著雙圓的視線拉著她們直奔公園玩樂去。

占地不小的埔添大公園入口不遠處就有一個小又平緩的紅色滾輪溜滑梯,這邊可以讓小小孩自己玩耍,因為坡度不陡也不會很長,孩子可以自己玩得很開心,後來雙圓幾乎都自己在這邊玩。

怪獸型超長溜滑梯基本上是大人想要去的地方,五歲左右的孩子還是比較喜歡一般的公園設施,像這種紅色滾輪溜滑梯的公園,在沖繩幾乎每個公園都有類似設施,簡直就是基本配備。

現在大部分的沖繩公園經過重新整修,已是水泥或是鐵製遊樂設施。埔添大公園比較特別的是還保有大型木製遊樂設施,雖然木製遊樂設施顯得有些老舊,但爬上去的時候還是覺得滿穩固的,遊樂設施下方還有一區沙坑。我非常喜歡日本公園有攀爬、體能訓練類的設施,訓練孩子的體能、反應外,也完全消耗孩子的體力!比起又高聳又彎的海軍壕公園溜滑梯,浦添大公園算是坡度平緩又長,速度也不輸海軍壕公園,位於道路旁邊的景色也很不錯,可以看到城市和些許海景。

埔添大公園除了原本的巨無霸溜滑梯之外,也新建了C區的新遊具,C區的遊具區較適合國小中年級以下的孩子遊玩,也有提供一個給三歲以下幼兒的遊戲區,還有爸媽休息區,是少數在遊具區域還有提供座椅的公園。

主要的遊戲主體為兩層式的遊具,連接著五個溜滑梯,除了一個長溜滑梯之外,其他都是較小型的溜滑梯,就連長溜滑梯的坡度都非常緩和。以遊具設計來說,裡面包含了數字、爬網、吊橋,都是比較適合小小孩玩樂的。

▲ 來這一區玩的小朋友年齡層都比較小,遊具較矮又平緩,是個很適合小小孩放風的地方。

奧武山公園

沖繩單軌奧武山公園站即可抵達的大型都市公園

▲以龍、獅為主題的遊戲區，沿著地形而設計出一條長溜滑梯。

🏣 〒 900-0026 沖繩縣那霸市奧武山町 52

📞 098-858-2700

🕐 全日開放、全年無休

💲 免費入場

📍 33 096 721*78

👥 1.5 歲～成人

🚻 洗手間、投幣式飲料機

🎡 長溜滑梯、盪鞦韆、沙坑、
　　草地、吊繩、攀爬網

🅿 有（免費）　　　　地圖

可搭單軌至奧武山公園站下車，走
路約一分鐘的路程即抵達奧武山公園，
正因爲如此便捷的交通地理位置，讓奧
武山公園成爲非常受到當地人及遊客歡
迎的公園。公園內匯集了棒球場、公立
游泳池、縣立武道館、弓道場等設施，
因爲占地廣大並有許多運動設施，常被
指定爲沖繩大型活動的主要會場。另外，
公園內部有琉球八社沖宮、護國神社、
世持神社等三個神社，其中的護國神社

在日木新年期間是人氣參拜景點！

廣受遊客歡迎的兒童遊戲區位於公園內部，從單軌站到公園內部遊戲區約徒步七分鐘時間。因為這公園真的太大了，如果開車的話，建議停在裡面的停車場，也是要走一段路，但比較靠近遊戲區。

兒童遊戲區位於公園中後方的山坡區域，沿著地形而設計的遊戲區以龍、獅為主題，藉由吊橋互相串連，創造出五彩繽紛的遊戲設施。小山丘上的獅造型遊戲區則有一座蜿蜒的螺旋溜滑梯，一旁恍若巨大鳥籠的設施內部設計攀爬網。位於斜坡的神龍造型遊戲設施，就著地形延展出一座長溜滑梯，這座新型的溜滑梯相較於之前的滾輪溜滑梯，感覺材質上更為好滑，而且滑梯上方的防護網還有遮陽設計。遊戲區前面的小廣場還有適合幼小兒童的遊戲區域。

▲▶另外一個遊戲區域則有較適合小童的沙坑、溜滑梯及遊具。

▼巨大鳥籠設施的內部有孩子最喜歡挑戰的爬網

本部公園

南風原町
南部

長溜滑梯、超陡斜坡溜滑梯，整個公園都是沙坑的野菜王國主題公園

▲ 南瓜野菜為主題打造的遊戲區「野菜王国チンクワーランド」

〒 901-0012 沖繩県島尻郡南風原町字本部 352

📞 098-889-2620

🕐 全日開放，全年無休

💲 免費入場

📍 33 072 271*54

👥 1.5 歲～成人　　　　　　　　　　　地圖

🚻 洗手間、投幣式飲料機、籃球場

🛝 長溜滑梯、斜坡溜滑梯、鞦韆、沙坑、草地、攀岩

🅿 有（免費）

　　南風原町位於沖繩本島南部，是沖繩縣唯一沒靠海的市町村，此地盛產南瓜（かぼちゃ）、絲瓜，南風原町的絲瓜稱爲美

瓜（はえばる），被譽爲沖繩最好吃的絲瓜。沖繩產量最多的南瓜就在南風原町，特色在於成熟時的含糖度二十度以上，因此南風原町也被稱爲「南瓜村」，在此處的餐館可品嘗到美味的南瓜、絲瓜料理。

　　沖繩有不少造型公園，像是恐龍的、仙人掌的……等等，南風原町內就有兩座以蔬菜爲主題打造的親子公園，分別爲絲瓜造型主題的宮城公園、南瓜造型主題的本部公園。本部公園是目前南風原町非常受到日本家庭歡迎的親子公園，

▲ 二～三層樓高的螺旋型溜滑梯、隧道溜滑梯。

其中有一區域是以南瓜野菜爲主題打造的遊戲區——「野菜王国チンクワーランド」，整個遊戲區內鋪滿了白沙，彷彿整個公園都是沙坑，不少日本父母都是帶著孩子的挖沙組合玩具直接來這邊玩沙的，所以千萬不要忘了幫孩子準備玩沙工具喔！

　　野菜王國內有長溜滑梯、兩層樓高的螺旋型溜滑梯、隧道溜滑梯和超刺激的斜坡溜滑梯，還有超多以野菜爲主題的體能遊戲、攀岩設施，遊戲區細分爲三～六歲、六～十二歲區域，對小芋圓來說頗爲適用，但對於小粉圓來說，分齡根本阻止不了她的好奇心！

　　我當天來本部公園算是臨時起意，

▲ 遊戲區都是孩子們的沙坑

▲ 大人也可以一起同樂的超刺激水泥斜坡溜滑梯

因為去玉泉洞的路上剛好經過附近，就稍微繞過來看一下，沒想到竟然有點難找，在當時資訊不多的情況下，使用電話導航卻被引導到附近的住宅區，繞了兩圈幾乎要放棄的時候，讓我眼尖看到那顆綠綠的主建築頂，馬上指揮龔少往那邊開過去（因此我建議大家使用MAPCODE）。

野榮王國內的遊戲主體建築非常大，孩子來到這邊就像小猴子一樣跑上跑下，真的玩得很開心，而且公園旁邊還有一個類似球類運動的練習場，所以我覺得本部公園非常值得帶孩子來走走！

實在是沒有預料到會來到整個遊戲區都是你家沙坑的公園，加上超多組家庭都在玩沙，小粉圓的玩沙魂都飛出來了，根本不管自己身在日本語言不通，一屁股就坐下來跟日本小朋友分享玩沙工具。

兩個孩子的個性大不同，小粉圓膽了大又不怕牛，非常融入當地，也極度想要跟當地的孩子玩。小芋圓則較謹慎，一直在旁邊看大家玩，很想要玩但又不敢玩，好幾次都看她走上去溜滑梯了，卻又不敢自己溜下來，最後在本部公園稍微克服了懼高，站上了二樓囉！

▲ 像河流般的藍色長溜滑梯

▲ 主題體能遊戲、攀岩設施，遊戲區細分為三～六歲、六～十二歲區域。

舊海軍司令部壕公園

雙龍巨無霸溜滑梯的彎度和斜度較大，適合大孩子的超長溜滑梯

▲ 黃、藍雙龍巨無霸溜滑梯

〒 901-0241 沖繩縣豊見城市豊見城 236 番地

098-850-4055

公園開放 8:00 ～ 19:00，戰壕參觀 8:30 ～ 17:00
（7 ～ 9 月至 17:30），全年無休

公園免費入場
戰壕參觀費用大人 440 日幣
中小學生 220 日幣

33 036 725

1.5 歲～成人

停車場旁有洗手間
投幣式飲料機

超長溜滑梯、盪鞦韆

有（免費）

官網

地圖

　　舊海軍司令部壕公園（海軍壕公園）
內的海軍司令部遺址，是二戰時日本海
軍所挖掘的戰壕，與一般觀光景點不同，
這裡保留戰後眞實的場所，還有許多珍
貴的史記資料。當時這個戰壕大約收留
了四千多名士兵，戰壕內的牆壁上還清
楚地留著當時士兵自盡時的手榴彈痕跡，
迷宮般的坑道目前只對外開放三百公尺。
因爲了解沖繩戰役的始末，對我來說這
邊稍微沉重一些。

海軍壕公園遊具區跟舊海軍司令部為公園內的兩個區域，如果輸入「舊海軍司令部壕公園」，可能會被導航到較靠近海軍司令部遺址的停車場。若沒有特別想要了解沖繩歷史，或單純只是要帶孩子去玩溜滑梯，建議直接輸入MAPCODE 抵達海軍壕公園遊具區上方的停車場，這個停車場旁邊有洗手間和投幣式飲料機，過馬路即是溜滑梯。

站在公園上方入口處，可以清楚地看到兩條藍、黃的超長溜滑梯，溜滑梯寬度挺窄的。黃色溜滑梯的坡度較平緩，跟藍色大概差約一層樓的高度，彎度也沒有像藍色那麼彎，比較適合小孩玩耍。藍色溜滑梯目測約有四層樓左右的高度，長度較長也較陡，還有一圈繞轉的旋轉坡，對於孩子來說有點刺激呢！

小芋圓在這邊玩得很開心，但溜滑梯高度高且陡，溜下來後要爬一段階梯才能上來再溜一次，小芋圓最後都邊爬邊哭，一臉想要玩溜滑梯的模樣，但是又沒有力氣爬上來，哭著要抱抱又一邊努力踏著階梯的樣子真是太可愛了。

▼ 藍色溜滑梯比較多彎曲，斜度大、速度快。

▲ 藍色溜滑梯目測約有四層樓左右的高度

公園內還有極受孩子們歡迎的網狀盪鞦韆，一旁則有小小溜滑梯也能讓小小孩玩得開心。較可惜的是，公園內其他設施有點老舊，再加上損壞的遊戲設備，能夠遊玩的設施不多，不過擁有雙龍溜滑梯的海軍壕公園遊戲區一次可以玩兩種不同高度的溜滑梯，實在是太有趣了！

▲ 超受歡迎的網狀盪鞦韆

城跡之路公園

大型環狀溜索超過癮，遠眺海景長溜滑梯

 〒 901-0605 沖繩県南城市玉城中山

📞 098-948-2141

🕐 全日開放，全年無休

💲 免費入場

📍 232 498 724*17

👥 1.5 歲～成人　　　　地圖

🚻 洗手間、投幣式飲料機

🛝 大型溜滑梯、攀岩、吊繩、幼童遊戲區

🅿 有

　　不同於一般公園內的吊繩滑索都是直線，城跡之路公園（グスクロード公園）內有一座環狀的吊繩索，橢圓形可繞一圈回到原點的滑索，是目前沖繩公園中最大型的環狀吊繩索，在轉彎處還有拋甩的速度感，深受小朋友喜愛。

　　孩子們在甩盪的時候活動範圍不小，遊具周圍有用欄杆圍起來作為安全範圍。繞一圈後，一般小朋友沒有很大的力氣能將繩索再拉回滑台上，需要大人幫忙拉才行。

　　小粉圓一開始就玩得很開心，嘗試了站著跟坐著兩種玩法，還加快速度甩盪了好大的弧度，但這邊真的設計得很

好，都沒有撞到邊攔。小芋圓本來不敢嘗試，後來看姊姊玩得很開心，也是一玩就上癮。

公園的地形是有上下坡度的，我覺得設計者很有巧思，不光讓小朋友跑草地上下坡，還利用地形設計出各種遊具吸引孩子。除了長溜滑梯之外，還有一座攀爬的遊具，可經由爬網、穿越水管、爬上下坡抵達另外一個遊具區。最上方則是小小孩的遊具區，像小芋圓這種裝嫩嬰最愛來這邊玩，姊姊可是一點都沒有興趣呢！

另外一座受孩子們歡迎的是從山坡而下的長溜滑梯，想要玩溜滑梯需要走到坡上的涼亭，雖然幾次下來有點累，但是對雙圓來說其實小兒科，為了玩溜滑梯這樣上上下下根本是小意思。

▲ 繩索金字塔在沖繩公園來說比較少見，繩索之間間隔距離較大，非常挑戰小朋友的體力與膽量。

▲ 這區是公園內比較大型的綜合遊具，有兩座具有坡度的溜滑梯，因為滑下來時比較刺激一點，適合大小孩來玩。

▲ 近期新建設的公園有幾座都有這種圍欄式的幼童專區，是給剛學會走路的孩子們玩的區域，通常會設計為有棚遊戲區，推車不可進入。

西崎親水公園、西崎運動公園
兩座公園緊密相鄰，溜滑梯的塑膠滾輪安全好玩

🏠 〒 901-0306 沖縄県糸満市字西崎 3-1

📞 098-992-7961

🕐 全日開放，全年無休

💲 免費入場

📍 232 484 712*33

👥 1.5 歲〜成人

🚻 洗手間、投幣式飲料機

🎡 長溜滑梯、沙坑、草地

🅿 有（免費，能容納普通車
　　295 台、大型車 9 台）　地圖

　　西崎親水公園和西崎運動公園是相
鄰的，超長溜滑梯比較靠近西崎運動公
園，將車子停在西崎運動公園的停車場
後往親水公園走，就可以看到一個岩石
山，背後就是長溜滑梯了。

　　這邊的溜滑梯滾輪是塑膠的，即使
使用滑雪板，速度也不快。水池是死水，
上面飄滿白色細絲和植物的葉子，加上
上坡時踩踏的椿很老舊會搖晃，請前往
的家庭要多加注意安全。

71

平和祈念公園

糸満市 南部

沖繩南部公園中，擁有超大型遊具的兒童遊戲區

▲ 巨大的遊戲區「タマゴ」，在二〇一七年夏天開放。

〒 901-0333 沖繩縣糸満市字摩文仁 444 番地

098-997-2765（導航至公園停車場）

全日開放，全年無休

免費入場

232 342 301*13

1.5 歲～成人

洗手間、投幣式飲料機、涼亭

攀岩、傳聲筒、小耳朵、
網狀吊球、遊戲沙坑、大草皮、
長溜滑梯、螺旋溜滑梯

P 有（免費）

地圖

平和祈念公園（こどもひろば公園）位於沖繩本島南部，公園內有一個展示戰後資料的平和祈念資料館。

二〇一七年新增超巨大的遊戲區「タマゴ」，有許多類似障礙設施的設計，也有具科學教育性的傳聲筒和回音小耳朵。獨立的沙坑空間，還設計了許多互動遊戲，已成為沖繩南部非常具有人氣的公園，我們二〇一七年夏天沖繩四代同堂親子旅遊，第一站就先衝來平和祈

▲ 圍起來的玩沙區，設計了遮簷、小椅子，還有許多互動的主題設施。

▲ 當天孩子們最喜歡的就是這個球型裡面的攀爬網，應該是目前沖繩公園中，除了海洋博公園之外，數一數二大的攀爬網。

念公園，讓雙圓當一天幸福的沖繩小孩。

　　巨大遊戲區「タマゴ」由兩個球體為主軸，周邊環繞著帶狀長廊、攀爬網、溜滑梯、障礙坡道等設施，比較屬於手腳並用、上下跑跳類型的遊具，適合年齡較大的孩子來這邊玩。我們再訪的這一天是下午的時間，人超少的，根據我的觀察，這一區的遊具設計要有同伴一起玩會比較有樂趣。

　　遊戲區「ツナグ」在日本黃金週時真是人潮爆滿，每個休息亭都擠滿人，

一旁也圍繞著一圈帳篷或是野餐墊，大家顯然都是有備而來。不少日本家庭都帶著野餐墊、帳篷、球具，陪孩子來公園玩。也有少數人帶著滑雪盆來滑草，這邊有幾個斜坡長度不長，但坡度卻很夠，感覺坐著雪盆玩會很刺激。

　　平和祈念公園非常廣闊，不遠處還可以看到海景，讓人不自覺邁出步伐想到盡頭看看海景，許多孩子就在超大片的草地上奔跑嬉戲，真心覺得沖繩孩子好幸福。

▲ 兩塊綠色的軟墊是彈跳床，它的設計與彈力跟中城公園的不太一樣，旁邊還有圍繞一圈綠色軟墊防撞。

▲ 扭轉的喇叭，是傳聲筒的設計。

▼ 擁有遼闊的草皮空間讓孩子奔跑，遠方則是蔚藍海景。

必玩沙灘

翡翠海灘

美麗海水族館旁，遠眺伊江島

🏠 〒 905-0206 沖繩県国頭郡本部町字石川
424 番地

📞 098-048-2741

🕐 夏季時期（4月1日～9月30日）
8:30～19:00
一般時期（10月1日～10月31日）
8:30～17:30

💲 免費入場

📍 553 105 350

👥 1.5 歲～成人

🅿 有（免費）　　　　　　　　地圖

　　翡翠海灘位於沖繩縣最熱門的觀光景點「沖繩美麗海水族館」所在之海洋博公園內，非常適合全家大小和觀光客前往。

　　翡翠沙灘遠眺伊江島，不只風景美，水質清澈，平成十八（二○○六）年獲選為「快水浴場百選」，得到了非常好的評鑑，一側礁石圍繞在海洋間，變成了難得一見的珊瑚礁環繞內海灘。

海灘分成「遊樂沙灘」、「休憩沙灘」、「眺望沙灘」三個區域，海水浴場的硬體設施可以說是應有盡有，夏日炎熱時來這兒玩水真是再好不過了！

高架在岸邊礁岩間的木棧道，是來訪遊客在岸邊休憩觀賞的絕佳地點，而滑翔翼遮陽棚完全滿足喜歡拍攝的朋友，

我們就在這邊殺了不少快門。

雖然冬天的海灘上並沒有太多的人潮，也不能夠下水遊玩，但是海灘的夕陽景色真的好美，推薦大家有時間一定要來這邊走走看看。尤其是沙灘上那一朵朵白色的遮陽傘與沙灘上的設施，都是非常好拍的景呢！

瀨底島海灘アンチ浜

清澈的海水藍，戲水看夕陽

〒 905-0227 沖繩県国頭郡本部町瀨底 2631

098-047-7355

全年無休

免費入場

206 825 392*00

1.5 歲～成人

有（免費）　　　　　　　　　　　地圖

☑免費停車場　☑沖洗　☑水上活動　☑賣店
☑烤肉　☑泳具相借

　　瀨底島是沖繩北部的離島，跟古宇利島一樣有大橋連結，是個可以逃離喧鬧的世外桃源，小小的アンチ浜，就在前往瀨底島方向過橋之後下方的一片小沙灘，這裡雖然比不過規模大、較具知名度的瀨底島海灘，但アンチ浜保有鄉村海邊的純樸感，像是小小的私人海灘，有一間私人俱樂部，提供海上橡皮艇、傘、浮潛設備出租，還有付費的沖洗服務。

　　アンチ浜的沙，踩踏的觸感細緻舒服，跟古宇利島上的珊瑚礁石海灘是兩種不同的沙質，右手邊就是連接本島的

 瀨底島 あんち浜ビーチ

烤肉與水上活動可上網預約，須有電話聯繫。

〒 905-0227 沖繩県国頭郡本部町瀨底 2631-1

098-047-7355

水上活動、小吃、烤肉、泳具租借、沖洗服務 250 日幣、浮圈 500 日幣

9:00 ～ 18:00　　　　　　　　　　官網

瀨底大橋，遠遠看去的景致真是壯觀。大部分的人把車子停在沙岸上的不遠處，幾步之隔就可以親水玩樂，越靠近橋下的地方，水更清澈，一旁的堤防水不深，所以也有不少人在此玩跳水活動，享受陽光。

大部分都是淺灘的アンチ浜，對孩子來說很適合，很多親子家庭都非常喜歡來此戲水，是當地的人氣海灘，據說在這邊可以看到熱帶魚跟海龜的蹤影。

アンチ浜一大早的海水透明度最高，退潮的時候也可以帶著孩子在淺灘的礁岩中，尋找螃蟹、蝦、海參、魚，潮間帶探險也是旅行教育中的一部分呢！

往本島方向過橋就有 AEON 超市和大創，這面海岸線的夕陽景色非常好，逛完超市出來轉頭一看，後面的雲像似燒了起來般火紅，這才驚覺好像又過了一天，在沖繩即使慢活過日，日子感覺還是過得好快。

渡具知海灘

可預約餐廳 BBQ，也有沖洗設備及販賣部

〒 904-0315 沖縄県中頭郡読谷村字渡具知 228

098-982-8877

全年無休，最佳游泳時間是 4 ～ 10 月

免費入場

33 703 175*34

1.5 歲～成人

有（免費，40 台）　　　　　　地圖

☑免費停車場　☑餐廳　☑沖洗　☑賣店　☑烤肉

 渡具知ビーチ
「がんじゅうファーム」

098-982-8877（可預約 BBQ）

BBQ 租用器具一人約 2700 日幣（中學生以上），包含海灘上的涼亭跟器具，食材另計

洗手間、餐廳販賣部、烤肉、海灘淋浴、無租借泳具

11:00 ～ 21:00
4 ～ 9 月無休
10 ～ 3 月星期三公休

官網

　　若是要我說來到沖繩最難忘的回憶，那我一定會跟你說是渡具知沙灘（渡具知ビーチ）的夕陽美景，細白的沙灘景致，好吃的餐廳美食，無一不是為了我們這些有小孩的家庭準備的。

泊城公園有一座長滾輪溜滑梯、岩石溜滑梯，站在頂點便可以看到渡具知的海岸線，帶著小朋友到海邊走走，等待落日，那是最大的幸福。

這裡的海浪並不大，岸邊打上來許多讓孩子好奇的東西，雙圓來到沙灘，就是不停地在收集貝殼和閃亮亮的琉璃碎片，大人就在一旁看著孩子玩耍，小孩開心地撿拾新東西來與我們分享，一起看著夕陽餘暉，真希望時間就此停住。

渡具知海邊有幾座涼亭，一群人圍著石桌而坐，飄來一陣陣烤肉香氣，那是「渡具知ビーチ『がんじゅうファーム』」餐廳所擁有的烤肉區，這裡可以預約烤肉用品或是食材，享用烤肉的美食或是在餐廳用餐，也可以在這裡付費沖洗身上的海沙，對出門在外的旅人很方便。

▼ 渡具知ビーチ「がんじゅうファーム」餐廳，提供完善的烤肉設備及食材。

波之上海灘

波上宮第一神社旁的透明海濱

〒 900-0037 沖縄県那霸市辻 3-3-1

098-863-7300

4 ～ 6 月游泳時間
9:00 ～ 18:00
7 ～ 8 月游泳時間
9:00 ～ 19:00　官網

免費入場

33 186 182*56

1.5 歲～成人

有　地圖

　　波之上海灘（波の上ビーチ）是沖繩縣內唯一單軌電車可以抵達的海灘，此海灘位於七百年以上歷史、有第一神社之稱的波上宮旁，對於不方便開車旅遊的旅人來說，這邊無疑是戲水的第一選擇，從單軌電車旭橋站或廳前站走約十六分鐘的路程，即可抵達海灘。

　　佇立在懸崖邊高聳的波上宮，下方是透明海水的波之上海灘，有著相當特殊的海灘景觀，想要來玩的朋友，可以把波上宮跟波之上海灘當作順遊景點，因為逛完了波上宮，走下海灘就是波之上海灘。

波上宮

琉球八社之一，在高高的礁石上鳥瞰著海，坐鎮海岸、守護著沖繩人的安全。波上宮人氣相當高，在琉球王國的年代也是地位最高的一個神社，為「沖繩總鎮守」。

👉 波上宮絕佳拍攝點

拍攝地點在海灘的高架橋上，開車的人可將導航設定在波之上游泳學校（車不可停在游泳學校內），學校旁邊有立體停車場，也可以在路邊的小巷子內停車，然後從游泳學校橋邊的人行步道走上橋，即可抵達拍攝地點。

　　帶著小朋友的我們，怎麼可能錯過這個離市區近又方便的景點，波之上海灘的設備齊全，水域也安全得多，一旁也多有救生員照顧著。

　　這回我們可是有十足的準備，帶了小帳篷跟墊子，還有自備的游泳圈，讓小朋友去到哪個海灘都不求人。波之上海灘雖然不大，但若是想要玩水也是可以玩得很瘋狂的，設施跟場地都很不錯，距離市區又近，我們一家人在這兒玩得很開心啊！

安座真SanSan海灘

宛如偶像劇夢幻般透澈海水的沙灘，各種水上活動設施皆有

〒 901-1502 沖繩県南城市知念安座真 1141-3

098-948-3521

4～10 月游泳時間 10:00～18:00

7、8 月游泳時間 10:00～19:00

免費入場

33 024 680

1.5 歲～成人

更衣室、監視所、廁所、
行李櫃 200 日幣、
分男女淋浴間 200 日幣、
BBQ、涼亭、飲料機

官網

地圖

有（500 日幣／1 日）

☑付費停車場　☑沖洗　☑水上活動　☑賣店
☑烤肉　☑泳具租借

👆 BBQ 預約

BBQ 可用網路預約，需用電話作最後確認，
可請飯店服務員幫忙。

網路預約

098-948-3521

器材レンタルのみ 3500 日幣
（歸還時間 19：00）、
食材 1000 日幣、1200 日幣

　　位於沖繩南部的「安座眞 SanSan 海灘」（あざまサンサンビーチ）是我非常喜愛的一座人工海灘，離那霸市區大約五十分鐘左右的車程，其海平面坡度緩

緩地由淺到深，一處戲水區還有防護網防止海蛇與水母進入，沙灘上也有救生員守護，除了安全品質較佳，其海水透明度非常高，沙也特別細，帶小朋友來不用太擔心會被刮傷。

延伸到「安座眞港」港口路上的人氣幸福之鐘，上面飄揚著鯉魚旗，藍天白雲的景色搭配愛心造型的看板，簡直就是來到偶像劇的片場。當然，這邊也有關於愛情的傳說，傳說中情侶在傍晚敲鐘，並互許誓言，會有幸福的結局。

這裡除了有沙灘可以陪小朋友玩水之外，也有適合年輕人的水上運動，像是經典的香蕉船、水上摩托車、拖曳吹氣座墊，還有時下流行的噴水飛行器，這些超酷的水上活動都可以提前或現場預約體驗。而且海上活動都有專業人員陪伴，與游泳區域是完全分開的，互不

干擾之餘，還可以玩得很盡興。

海灘周遭的區域有一座座的涼亭，這裡可以提供烤肉休息用，也可以租用浮具跟烤肉器材，基本上租浮具的價錢大概都是五百日幣，食材的部分要預約，官網上面有價目表。

▲ 港口超人氣的幸福之鐘

新原海灘

純白畫布系，天藍海水綠的天然海灘

▲ 這裡沒有手機跟平板，小芋圓撿個葉子就可以玩上好一陣子了。

🏠 〒 901-0603 沖繩県南城市玉城百名

📞 098-948-1103

🕐 全年無休，可自由進出沙灘
　最好的遊泳時間是 4 ～ 9 月

💲 免費入場

📍 232 469 538*15

👪 1.5 歲～成人

🅿 有（500 日幣 / 1 日）　　地圖

☑付費停車場　☑沖洗　☐水上活動
☑賣店　☑烤肉　☐泳具租借

　　新原海灘（新原ビーチ）是沖繩少數的天然海灘之一，可跟孩子在綿延一公里的海灘放空一整個下午。由於海灘入口處多為住戶與店家，路邊免費停車位不多，可停在店家提供的場所，停車收費一次是五百日幣左右。洗澡與沖澡則是另外收費。

　　為了讓小朋友開心，我們還租了兩個游泳圈，租一個要五百日幣，如果是喜歡玩水的朋友，很建議自己帶游泳圈來，會比較省錢喔！

　　新原海灘是由貝殼跟珊瑚碎組成，走在沙灘上有些刮腳底，建議幫孩子穿上膠鞋或是海灘鞋比較好走路。整個沙

 店家みーばるマリンセンター

店家提供沖洗服務，停車或是沖洗一次，約大人 300 日幣、小朋友 200 日幣。

📞 098-948-1103

🍖 烤肉、租借、沖洗、
　住宿、海上活動　　官網

▲ 租個游泳圈，就在海邊享受一整日的陽光吧！

灘的人並不多，只有三三兩兩的遊客，簡直就是藍底白色的攝影棚，沙灘上跟海邊都有小船在一旁，這邊有著純樸的南洋風情。

　　若是想要玩水上活動，也可以到旁邊的小房子裡洽詢，像在墾丁一樣，要玩洋傘、沙灘器具、水上摩托車、香蕉船都可以，不過來到這裡，我建議還是享受一下天然的海水，海水有最好的療癒作用，所有的不愉快都一掃而空。

必遊景點

美麗海水族館

黑潮之海餵食秀，免費的海豚表演秀

▲ 戶外免費的海豚秀，最後的海豚互動噴水表演讓孩子們開心極了。

〒 905-0206 沖繩県国頭郡本部町字石川 424 番地

098-048-3748

一般時期（10～2 月）8:30～18:30
夏季時期（3～9 月）8:30～20:00
（關館前一小時不再接受遊客入館）
12 月的第一個星期三及翌日（星期四）
海洋博公園入口關閉，無法入園

大人 1850 日幣，高中生 1230 日幣
中小學生 610 日幣，未滿六歲免費
16 點以後門票大人 1290 日幣
高中生 860 日幣
中小學生 430 日幣

官網

553 075 797

1.5 歲～成人

P 有（約 1500 台）

地圖

　　來到沖繩西北部的海洋博公園園區內的美麗海水族館（美ら海水族館），會誤以爲到了海底龍宮，綺麗的美景讓人動容，不管大人或小朋友都張大了眼睛看著這一切的不可思議。我們一家人這次帶小朋友來，每個人都回憶滿滿，因爲位於海邊的美麗海水族館，除了偌大的海底世界外，還有許多適合親子的設施，不管是體能公園、觀星、賞花或是海牛、海龜及海豚的近距離接觸，全部囊括，認眞逛的話可以玩上整整一天，讓人開心又懷念。

　　美麗海水族館是沖繩海洋博公園園區的一部分，除了水族館之外，還有海洋文化館、天文館、植物園熱帶夢幻中心、海濱長廊等設施。大部分的區域除了觀賞外，都是有互動性的，展覽的魚類多是台灣看不到的魚種。水族館內最受注目的就是全世界第二大的水族箱——黑潮之海，完全呈現了沖繩海洋之美，站在水族箱下，會有來到神祕海底龍宮的幻覺，大型的鯨鯊及蝠魟、魚兒在眼前來回穿梭，絢麗的海中景色讓人感動。近距離接觸海底大型生物真的好

有震撼力，大人孩子都看得入迷，時間好像就在此時靜止，不自覺地心情都平靜了下來。

　　黑潮水族館一天會有幾個時段的鯨鯊餵食秀，節目開始時水族箱旁的螢幕會降下來，現場直播鯨鯊與工作人員在上方的實況。鯨鯊在台灣又稱豆腐鯊，是目前世界上體型最大的魚類，是很溫和的生物，被稱之為「海中溫柔的巨人」，因為巨大的體形，幾乎沒有什麼天敵，大多以浮游生物、藻類、磷蝦為食，是一種雜食性的動物，巨大的嘴巴

可以過濾水中的食物，牠們的壽命可長達七十～一百歲。

海洋博公園園區內還有可免費觀賞

▲ 戶外海龜池

的戶外海豚表演，讓孩子有機會體驗與海豚互動。如果旅程時間不夠，逛逛水族館跟周邊，只要半天的時間應該就很充足了，但我私心建議水族館裡的黑潮探險之旅（鯨鯊餵食秀）跟海豚劇場是一定要去看的，千萬不要錯過了。

看完了鯨鯊，若是時間排得好是可以順道去看海豚表演秀的，海洋博公園園區接連著大海，走在室外就像是在海濱散步般的爽快，海豚表演前三分鐘，就可以看到許多人早已就坐，這裡的海豚秀不只有表演，更有許多跟遊客的互動，像是拍大球遊戲，或是小海豚的惡作劇，許多小朋友或是大人被噴得全身濕，還是笑得合不攏嘴，只能說這些人可能真的太熱了吧！哈！

名護鳳梨園

搭乘可愛吸睛的鳳梨車遊園

〒 905-0005 沖繩縣名護市為又 1195

098-053-3659

9:00 ～ 18:00（電動車受理到 17:30）
全年無休

大人（16 歲、高中生以上）
850 日幣
13 歲～ 15 歲（國中生）
600 日幣
6 歲～ 12 歲（小學生）
450 日幣
小學生以下免費

官網

206 716 467*26

有

地圖

在機場的時候，小芋圓看到名護鳳梨園（ナゴパイナップルパーク）的廣告單就一直想要來，因為她完全被超可愛的鳳梨車給吸引住，指定要來坐鳳梨車。

名護鳳梨園就在沖繩的北部，離美麗海水族館還有古宇利島很近，車程大約是三十分鐘左右的路程，我們前一晚是住在美國村的 Vessel Hotel，吃完了早餐 Vongo & Anchor，再慢慢開過來，到名護鳳梨園大約一個小時的時間。

名護鳳梨園的招牌真的超可愛，有

經過就一定會被超大的鳳梨跟鳳梨娃娃吸引，從停車場就有可愛的接駁車，園區內又有中文導覽的全自動化鳳梨遊園車。鳳梨遊園車帶著我們一家繞著鳳梨園和半露天的大型花室，下車後阿嬤跟雙圓穿梭在花園裡很開心，花園內設計了許多拍照打卡點，這讓名護鳳梨園成為四代同堂家族旅行中非常受歡迎的景點。雖然我們遇到下雨，途中有些地方需要撐雨傘，但不至於掃興，是個適合散步聊天的好地方喔！

阿嬤覺得下雨了真可惜，不然在園區內賞花、拍照、看品種不同的鳳梨，非常有趣。但我認為，名護鳳梨園半露天設計的園區，像走迷宮一樣好玩，不時還可以看到身邊有鳳梨遊園車經過，即使是下雨天，撐著雨傘也別有一番樂趣。

最後的伴手禮區逛得超過癮，試吃試飲不手軟，長輩買了超多伴手禮，就連雙圓也都有收穫，下雨天真是可以刺激買氣啊！

▲ 進了鳳梨園的第一件事就是坐鳳梨車遊園，是一台無人控制的自動車，除了會自動導航開車之外，還會負責導覽，下車後逛花園時也不時可以看到小鳳梨車經過。

▲ 天氣好的時候，可以走到戶外的鳳梨田中跟大鳳梨合照。

▲ 空中花園很有熱帶雨林的感覺，老人家跟小朋友本來就對這樣的花園迷宮相當有興趣，可以慢慢地散步欣賞花園，小路交叉縱橫，多了許多樂趣，景觀都不盡相同。

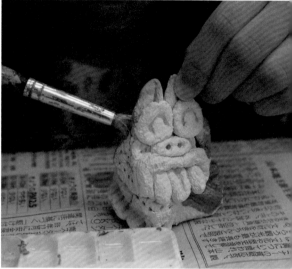

▲ 相對於市區內的彩繪福獅爺體驗大多是 1200 日幣左右，這邊激安價的小風獅爺彩繪才 1000 日幣，雙圓彩繪的福獅爺就是此趟旅行最棒的紀念品。

▲ 紀念品商店內販售的風獅爺環保面膜毛巾，這個毛巾的設計非常有趣，在眼睛與鼻子處開了口，泡溫泉時可以將它浸泡溫泉水後敷在臉上。

名護自然動植物公園

體驗日式復古小火車，跟小動物們互動、餵水鳥

📮 〒 905-0012 沖繩縣名護市字名護 4607-41

📞 098-052-6348

🕘 9:00~17:30

💲 入園卷大人 660 日幣，國高中生 330 日幣，
　　兒童 220 日幣
　　鐵道卷大人 660 日幣，
　　兒童 440 日幣
　　入園加鐵道卷大人 1100 日幣，
　　國高中生 770 日幣，
　　兒童 550 日幣

官網

🈺 206 689 726

👥 1.5 歲～成人

🅿 有

地圖

　　帶小朋友來沖繩，除了玩水、玩公園設施，另外推薦給大家的就是沖繩的主題樂園，名護自然動植物公園就是其中之一，公園有兩種遊玩方式，分成鐵道遊跟入園步行體驗。

　　或許名護自然動植物公園給人的感覺有些陳舊，但對於小朋友來說是個親近小動物的好地方，這裡的可愛動物區都是採半開放式的，沒有鐵網的隔閡，園內活動空間也很大，可以近距離地親近小動物。剛開始進門看到的就是室外

空間的超大鳥園,這裡不只鳥園大,鳥也超級多!在這裡拿著鳥飼料的遊客根本就是巨星,跟被奈良的小鹿追逐有異曲同工之妙,對大人還有小朋友來說都是相當新奇的體驗。

　　鐵道上的黑頭火車,是依日本 D51 型蒸汽火車以百分之五十的比例做出來

的,相當的復古用心。火車會繞著動物園走一圈,乘坐時間二十分鐘,中間有一段是水鳥的棲息地,可以買飼料餵水鳥,水鳥飼料只要一百日幣,我推薦一定要在這兒買飼料來餵食,往湖中一撒飼料,水鳥整群飛起來的景象超級壯觀啊!

▼ 園區內的可愛動物園需要另外付費進入,可愛動物園門票 300 日幣(0～3 歲免費),裡面有超萌的小兔子、水豚君、山羊、陸龜等。

▼ 導覽 SL「沖繩輕軌列車」,是以日本 D51 型蒸汽火車百分之五十的比例製作的復古小火車,經過湖區時列車速度會變慢、解說,搭乘前
　別忘了在售票口買水鳥飼料,水鳥會追著火車跑,當群鳥飛起來真的超震撼!

恩納村
中部

真榮田岬、青之洞窟

世界唯二的青之洞窟，沖繩著名的潛水聖地

〒 904-0417 沖縄県國頭郡恩納村真栄田 469-1

098-982-5339

全日開放，全年無休

免費入場

206 062 685　　官網

1.5 歲～成人

有（100 日幣 / 一小時）

☑付費停車場　☑餐廳　☑沖洗
☑水上活動　☑賣店　　　地圖

　　如果你喜歡沖繩蔚藍、多色彩湛藍的海景，真榮田岬（真栄田岬）是不能錯過的看海景點。真榮田岬位於沖繩本島西岸恩納村，這附近較廣為人知的景點有萬座毛，而真榮田岬是一個珊瑚礁岬，可展望殘波岬、萬座毛等知名景點，天氣好的話，就連海另一端的伊江島海

岬壯麗的絕景也可盡收眼底。

　　或許提到眞榮田岬大家會覺得陌生，當照片發表在 FB 時也有許多人詢問這是什麼地方？其實，來到沖繩的人幾乎都來過眞榮田岬，因爲這邊有一個潛水人都非常嚮往、世界唯二的藍洞──「青之洞窟」（青の洞窟），很可惜的是大部分的遊客都只是來此參與藍洞潛水活動，一般潛水行程是由港口搭船前往，或是直接下海岬階梯走過去，結束活動後直接離開，因此就錯過如此遼闊的美景。眞榮田岬不只是海底的景色綺麗，岸上的風景也是美

TIPS：建議的潛水店家
為避免到當地語言不通，可先在台灣網路旅遊平台（KLOOK、KKday）預訂潛水活動，挑選專屬的中文教練活動參與。

得讓人驚歎，從岬上一直延伸到海岸邊的人潮都未間斷過。因為潛水活動非常活耀，真榮田岬一帶園區的規畫非常完善，一旁的建築裡面就有遊客中心、小吃店跟賣浮潛的輕裝備，隔壁也有鹽洗的衛浴服務。夏天來這裡就是要玩水看風景，由於地方不大，安排一個早上的行程就已足夠，園區裡面有很多潛水教學的店家，現場看發現中文教練也不少，不需要太過擔心語言溝通的問題，這邊大多採提前預約，有想要潛水或是浮潛的朋友，建議前一天就要先預約好，以免撲空了。

青之洞窟就在岬壁下的海蝕洞，岬壁上有一條長樓梯延伸至海上，由上往下看，最多船隻停留的地方，即是著名的潛水勝地「青之洞窟」。在樓梯口左方約一百公尺處，轉個彎游進去就是藍洞，退潮的時候，潛水教練甚至帶著學員從岸邊走過去，因不需要下潛就可以抵達藍洞，不少朋友的潛水初體驗都獻給了沖繩的「青之洞窟」。到了下午的時刻，太陽西下，陽光的投射角度已到達最大，水域有許多珊瑚礁石，水中透澈沁藍，魚群們優游其中，陽光經過海水的折射，變成像是寶石般的深藍。洞窟外的海水也呈現一片清澈沁藍，透明度很高，再加上夏季的海浪平穩，即使不來浮潛觀賞洞窟，此地也是戲水的人氣景點。但此處為珊瑚礁岩區，戲水時的保護工作不可少，建議穿著膠鞋下水。

BLUE SEAL ICE PARK

華麗冰淇淋手作體驗

⌂ 〒 901-2131 沖縄県浦添市牧港 5-5-6

📞 098-988-4535

🕐 10:00～21:00
全年無休

💲 免費參觀
預約冰淇淋手作
體驗 1000 日幣
體驗時間約一個小時

📍 33 341 535*52

🅿 有

官網

地圖

　炎炎夏日來到沖繩，當然不能錯過這間最有名的 BLUE SEAL，更何況可以在 BLUE SEAL ICE PARK（ブルーシールアイスパーク）這麼童趣的地方，做出屬於自己的冰棒，讓孩子有一個美好的體驗。

　在沖繩，BLUE SEAL 的冰淇淋店到處可見，這是來自美國的冰淇淋品牌，但說到沖繩冰淇淋第一個聯想到的一定是 BLUE SEAL，雖然在沖繩有許多分店，但 BLUE SEAL ICE PARK 觀光工廠在沖

▲▲ 冰淇淋 BLUE SEAL 門市，旁邊緊鄰著 BLUE SEAL ICE PARK。

▲ 這裡的椅子是冰淇淋造型的

繩卻只有一間，想要參加超熱門的冰淇淋手作體驗，一定要先在官網上預約，才不會撲空。

這間位於浦添市牧港的 BLUE SEAL，自一九六三年就搬來這裡了，算是相當有歷史的老店，店裡面的裝潢相當的美式，就好像我們在電影裡面看到的場景，會有來到美國的錯覺，旁邊就是童話般的 BLUE SEAL ICE PARK。BLUE SEAL ICE PARK 粉色系的裝潢相當有少女心，雙圓一來到這邊就又唱又跳，興奮不已，阿嬤似乎也感染了開心的氣息，按捺不住一起動手做，做完的成品不僅好吃，完成之後還有送冰淇淋甜筒，以及免費的可愛保冰袋與乾冰，讓你把做好的冰淇淋帶回去。

我們一家人大約提前半小時就到現場了，來這兒等待一點都不無聊，還有歷史館跟門市，可以逛的地方很多，小朋友也可以在這裡到處走走看看。

▼ 超可愛的立體彩繪牆

▲ 充滿童趣體驗的教室

冰淇淋體驗過程

體驗時，冰淇淋小老師會請大家先勾選桌上的表單，表單上面有冰棒的形狀、口味，還有巧克力的顏色跟樣式，最特別的是他們的巧克力飾品，像珠寶一樣閃亮，漂亮到都不想吃了！

▲ 另外一張圖卡則是讓小朋友設計冰淇淋畫紙

▼ 繪畫完畢後，會分組前往配料吧檯領取自己所選的裝飾配料。

▲ 彩色圖卡讓小朋友選擇冰淇淋的造型及口味、挑選五種裝飾。

除了冰棒形狀之外，還可以勾選五個小飾品，在圖畫上面作畫，設想等等可以裝飾的圖案。這方面小粉圓相當厲害，畫畫可是她的強項。小芋圓還在鬼畫符階段。

▲ 冰淇淋小老師會將小朋友選擇的造型冰淇淋與巧克力醬拿過來，教孩子如何將冰淇淋均勻地沾上巧克力醬。

▲ 完成啦！快拿出桌子底下的紙盒和保溫袋將冰淇淋裝起來，跟乾冰塊一起放入保溫袋中。

▲ 完成後別急著離開，還可以去排隊，自己捲一支霜淇淋。

　　BLUE SEAL ICE PARK 的巧克力飾品是用杯子裝的，樣式真的很多，有亮亮的銀珠子，也有小朋友最愛的棉花糖，大人小孩都可以好好發揮。

　　冰淇淋小老師會在前面教學示範，每個人都會拿到一份保冰袋跟乾冰，當然還有等等要製作的冰棒，這趟體驗實在太值得了！

　　製作冰淇淋時小老師也會過來幫忙，由於時間緊迫，這個冰棒可不能放太久時間，等等笑臉變哭臉可就不好了！

　　為了抓緊時間，其實這時候已經手忙腳亂，根本顧不得剛剛畫的草圖了。

　　雖然是小小的創意，小粉圓她們可是很得意呢！我最後還幫她們題上了名字。

　　到了晚上，小朋友終於如願嘗了冰淇淋，看看她們的表情，開心表露無疑啊！當然這個巧克力冰淇淋真是好吃得沒話說，內外兼具，可以給 BLUE SEAL ICE PARK 一百分！

　　有帶小朋友來的朋友們千萬不要漏掉這麼有趣又好玩的親子景點，我們一家人玩得超級開心！

▼ 用最快的時間，利用提供的巧克力醬筆，搭配裝飾配料在冰淇淋上創作。

▼ 做完的冰棒放在保冰袋裡頭，我們一路回美國村逛了一圈，完全都沒有融化。

111

首里城

日本 100 名城 × 日本百選道路之一的金城町石疊道

📮 〒 903-0815 沖繩縣那霸市首里金城町 1-2

📞 098-886-2020

🕐 4 ～ 6 月、10 ～ 11 月 8:30 ～ 19:00
　（售票截止到 18:30）
　7 ～ 9 月 8:30 ～ 20:00
　（售票截止到 19:30）
　12 ～ 3 月 8:30 ～ 18:00
　（售票截止到 17:30）
　每年 7 月的第一個星期三和
　翌日（星期四）公休

💲 大人 820 日幣
　高中生 620 日幣　　　　　官網
　中小學生 310 日幣

📍 33 161 526*66

👥 1.5 歲～成人

🅿 有　　　　　　　　　　　地圖

　　旅行中，我總是會安排幾個對於年輕人來說比較「冷門」的景點，因爲我的內心住著一個熱愛文化、喜歡古蹟的靈魂，也許就是抗拒不了時光的誘惑，即使名城早已是一堆城牆磚瓦，或是曾經重建過，仍然擋不了自己想要親眼看過、走過一趟的慾望。

　　由於沖繩獨有的文化關係，琉球王國時期的城堡其實滿多的，現有保存下來的有今歸仁城、中城城、首里城、座喜味城、勝連城……登錄爲世界遺產的共九處。

其中除了首里城有重建之外，其他都是城跡（也就是只有城牆磚瓦了），首里城被登錄的地方是正殿內參觀時可以看到的遺跡，以及久慶門附近的遺跡。而今歸仁城、中城城、首里城這三座城，被列於日本 100 名城之中。

有鑑於上次在京都看了超多寺廟，多到糞少都要翻臉的程度，這一次先挑戰一下「首里城──日本 100 名城」、「金城町石疊道──日本百選道路之一」。

首里城是琉球王國的象徵，建造於十三世紀末到十四世紀間，因為二次世界大戰中的沖繩戰爭而遭到焚毀，於一九九二年重建，為琉球王國最大的木造建築物，來這兒不免俗地一定要跟朱紅色的首里城正殿拍上一張相片，才有走過沖繩的感覺。首里城有別於日本幾座方方正正的大城堡，建築沿著山勢蜿蜒，整個山頭都是城跡的範圍，光是走上一圈細細端倪，都要花上不少時間呢！

▲ 地圖上有集點印章，增添小朋友對於古蹟探險的樂趣。

　　帶著孩子，千萬不要忘記在售票口
索取首里城地圖，地圖上有個景點的集
章處，就像是闖關遊戲，一邊欣賞古蹟，
也能一邊讓孩子享受收集印章的樂趣。

琉球王國世界遺產群

1. 今歸仁城跡	2. 座喜味城跡
3. 勝連城跡	4. 中城城跡
5. 首里城跡	6. 玉陵
7. 園比屋武御嶽石門	8. 識名園
9. 齋場御嶽	

👉 **首里金城町石疊道**

🏠 〒 903-0815 沖繩縣那霸市首里金城町
📞 098-853-5776
📍 33 161 246*82

　　走過了首里城，下方不遠處的「金城町石疊道」也是沖繩縣指定史蹟，以琉球石灰岩鋪疊而成，是日本百選道路之一，當時的官道——眞珠道全長約十公里，而石疊道只是其中一小部分。二次世界大戰倖存下來約二百四十公尺，石疊道是以琉球石灰岩鋪成的石板路，道路兩旁的石牆也非常有特色，以沖繩獨特的「相方積」方式堆積而成，在花開的季節來時，可以看到道路兩旁有許多屬於沖繩色彩的鮮豔花朵盛開著，這裡也是許多電視 MV 取景的地點。首里城與金城町石疊道附近，共有幾棵百年茄苳大樹，不妨多多留意一下吧！

那霸出海賞鯨

冬天必遊的乘船賞座頭鯨，來跟親子鯨魚海上嬉戲

賞鯨是沖繩冬天必遊的行程之一，因為沖繩的冬天洋流溫暖，座頭鯨會在此蜜月、育兒，所以每年十二～三月，沖繩賞鯨是能見度接近百分之百，各家賞鯨業者都推出成功賞鯨保證。

第一次出海賞鯨的心情真是緊張萬分，集合上船前，會發給大家一本賞鯨小手冊，小手冊上面會有鯨魚小知識，看一下小手冊更能夠了解鯨魚的活動狀態。

KKDAY 賞鯨行程

- 集合時間：08:00 / 13:00
- 集合地點：渡嘉敷島公司
  株式会社とかしき 沖繩縣那霸市泊 3-14-2
- 出發時間：08:30 / 13:30
- 出發地點：那霸泊港（北岸）
  沖繩縣那霸市泊 3-1-6
- 行程長度：3 小時
- 成人（13 歲以上）4500 日幣
  兒童（6～12 歲）3500 日幣
- 1.5 歲～成人

▲ 抵達賞鯨處，這邊有許多賞鯨團在等待鯨魚出現。

　　大概從那霸開船一小時左右，全部的船就會停在一座小島附近，幾艘賞鯨船船長會開始找鯨魚，賞鯨船是雙船體，在航行中非常穩定，只是停船在找鯨魚的時候才是大家最容易暈的時候，這時容易暈船的人請務必不要低頭看手機，以免暈船。

▲ 搭船前必須要簽乘船契約

　　冬天的洋流較強，所以鯨魚會成雙成對出來玩。座頭鯨潛水時間約十五～二十分鐘，這時船長會讓船客選擇區域，建議大家待在一樓甲板看就好，因為甲板可以從頭看到尾，上二樓會有人數限制，必須要輪流。觀看座頭鯨遨遊海上的時間雖然不長，但是出現的那一刻真是感動萬分啊！

☞ 沖繩賞鯨注意事項

1. 日本人準時開船，請提前出發至集合點。
2. 冬天風浪大，會暈船的人記得要先吃暈船藥，避免嘔吐。
3. 乘船時間約三小時，船上沒有洗手間，搭船前請先上洗手間。
4. 如果要拍攝鯨魚，建議用 200MM 以上的鏡頭。
5. 如果乘船人數過多，必須要輪流觀看鯨魚，建議大家要選擇船頭夾板，才能看比較久一點。

NIRAI-KANAI 橋

展望台180全方位絕景

☎ 〒 901-1513 沖繩縣南城市知念字知念

🕐 全日開放，全年無休

💲 免費入場

📍 232 592 532*20

👥 1.5 歲～成人　　　　　　　地圖

🅿 路邊停車，走約 2 分鐘至展望台

就在沿著沖繩那霸前往南城市的縣道86號途中，有一座令人一眼難忘的U型橋，就是「NIRAI-KANAI橋」（ニライカナイ橋）。沖繩自古以來相信「在遙遠的大海另外一端，有著理想之鄉

—— NIRAI-KANAI」，所以在沖繩方言中，NIRAI-KANAI意指著「彼岸的理想之鄉」。每每開車經過此地，在蜿蜒道路上沿著橋優美的曲線行駛，眼前的景色不停地隨著速度而轉換角度，這座橋上的景色真是百看不膩，是絕佳的兜風景點，每次都有種被療癒身心的感覺，沖繩真的無處不是能量之地。

NIRAI-KANAI橋的展望台就在進入隧道前的交叉路口，記得順著「ニライカナイ橋の道」（The way to NIRAI KANAI）

的愛心指示牌方向前往。因為入口這裡正好是隧道往橋墩道路的交界處，若是錯過就只能順著橋往海濱走去，再繞橋一圈回來。展望台附近是自衛隊的基地，兩邊的小徑上只有矮小的草叢，是禁止開車進入的，在路邊停好車後，從停車處還要走一小段路才會抵達展望台。

從橋上的展望台往外望去就可以看到海天一色與 NIRAI-KANAI 橋的交疊景色，也能眺望遠處的久高島和 KOMAKA 島。山上海風大，徐徐地吹過並不會覺得熱，反而帶走了煩惱與不愉快，讓人可以悠閒地欣賞這裡壯麗的美景，一望無際的太平洋海水顏色，就好像上帝把顏料打翻了那般的繽紛五彩，我不禁在腦海中刻畫著遙遠的海平線彼端屬於我的理想之鄉。

若是驅車開往觀景台下方的隧道，就可以走過 NIRAI-KANAI 橋，前往南部的海濱，沖繩的南部海域風景，不論是顏色還有地貌，都是我們最愛的，今天就打算在海邊找一間濱海咖啡廳，放空一下午吧！

▲ 右邊這一條小路直走到底就是展望台

知念岬公園

愛心造型的絕美景觀公園，就在齋場御嶽旁

〒 901-1511 沖繩県南城市知念久手堅

📞 098-948-4660

🕐 全日開放，全年無休

💲 免費入場

📍 232 594 503*30

👪 1.5 歲～成人

🅿 有（免費）

🚻 洗手間

地圖

前往日本最高的祭拜場所「齋場御
嶽」途中，誤打誤撞地來到這片美麗的
知念岬公園，知念岬位於沖繩南部的東
邊角落，公園海岸線的地勢較高，而且
地理位置較特殊，所以可以一百八十度
俯瞰沖繩的外海。有著特殊造型的知念
岬四周的海水湛藍，遠遠地看像極了一

顆愛心盆栽矗立在海的中央，一旁的山腰邊，還有玩著高空飛行傘的人們，像隻大鳥在島上盤旋，形成了這片癒療身心的美景。

知念岬公園的所在地之前就叫知念村，不過人數太少又經歷了時代的變遷，所以合併變成現在的南城市。到了知念岬一定要走上一圈四處看看，因為這裡的景色宜人，知念岬上就像是個小平原，每一處都可以看到不同的景觀，紀念碑前的海域更是美得讓人驚歎。往回走的路上，樓梯旁邊就可以看到玩飛行傘的人們，若是想要參與飛行傘的活動，可以到一旁的報名場所諮詢，但我們來這裡就是純粹欣賞風景，建議可以把知念岬公園當個順遊的小景點。

▲ 此處有降落傘體驗活動

玉泉洞

歷經三十萬年的巨大鐘乳石洞

📮 〒 901-0616 沖繩縣南城市玉城前川 1336

📞 098-949-7421

🕐 9:00 ～ 18:00（17:00 停止售票），全年無休

💲 全園通行證（玉泉洞、王國村、毒蛇博物公園）
　　大人 1650 日幣，兒童（4 歲至國中生）830 日幣
　　玉泉洞 & 王國村大人 1240 日幣，兒童 620 日幣
　　王國村大人 620 日幣，兒童 310 日幣
　　毒蛇博物公園大人 620 日幣，兒童 310 日幣

📍 232 495 248*03

👪 1.5 歲～成人

🅿 有　　　　官網　　　　地圖

▲ 小粉圓正在尋找生活在鐘乳石洞穴的生物

沖繩著名景點——玉泉鐘乳石洞，可是日本屬一屬二的大型鐘乳石洞之一，鐘乳石洞長達八百公尺，地勢崎嶇，像極了在地心探險，我們從來沒看過這麼大的鐘乳石洞穴，這些鐘乳石筍在燈光的照射下，更顯得高大絢麗，充滿特別的美感。

玉泉鐘乳石洞是沖繩世界文化王國裡的一部分景點，除了參觀綺麗的鐘乳石洞之外，還可以體驗經典的玻璃手作跟免費的沖繩太鼓表演。小朋友可以散散心，大人則是可以在琉球王國旁的鐘乳石洞穴裡，體驗最獨特的鐘乳石咖啡廳，順便一嘗沖繩有名的珊瑚咖啡（又簡稱 35 咖啡）。

玉泉鐘乳石洞內的地底深處有著獨特的奇觀，每一段路都有不同的場景變換，有地底的河流、小湖泊和超大的鐘乳石柱，像似在翻山越嶺，上上下下，裡面還有洞穴的生物展覽，我們帶著雙圓一路探險，竟然花了將近一小時才走出洞口，真是非常奇特的體驗。

沖繩世界文化王國的園區裡，種滿了亞熱帶的果樹，園區裡賣著農特產品跟小吃，也有不少的特色手作活動可以體驗，像是現燒的玻璃杯、藍染，還有沖繩服裝體驗。

👉 ガンガラーの谷鐘乳石洞咖啡廳

- 🏠 〒 901-0616 沖縄県南城市玉城字前川 202 番地
- 📞 098-948-4192（9:00 ～ 18:00 受理預約，通日文、英文）
- 📍 232 494 476
- 🕐 洞穴咖啡廳 9:00 ～ 18:00（只能使用咖啡廳，無法進入山谷），全年無休
  導覽行程：10:00 / 12:00 / 14:00 / 16:00
  出發時間：須電話預約，導覽時間約 80 分
- 💲 洞穴咖啡廳免費，導覽行程 2200 日幣（15 歲以下免費，但需家長同行，當日取消需取消手續費）
- 🅿 有

預約導覽

　　ガンガラーの谷位於沖繩世界文化王國對面停車場後面的小路裡，由沖繩世界文化王國方向出發，要走過馬路，跟著墨綠色的「ガンガラーの谷」指示牌前進，就可以抵達。ガンガラーの谷是鐘乳石洞坍塌後形成的原始森林，咖啡廳就設置在天然鐘乳石洞口，提供沖繩有名的珊瑚咖啡，以及沖繩縣產食材所製作的冰淇淋。35咖啡之所以會這麼特別，是因為沖繩的生態極為豐富，連沙灘都滿滿的珊瑚碎石，只是近幾年因為氣候變遷，使得珊瑚群減少許多，35咖啡烘焙時加入枯死後白化的珊瑚作為沖繩世界文化作烘焙拌料，於200度以上高溫環境加熱，烘焙出味道原始、香醇獨特的咖啡豆，35咖啡會將營業額的3.5%捐獻給移植新珊瑚之用，對於珊瑚生態的保育盡心盡力。

看海咖啡廳

亞熱帶茶屋

濃厚南洋風，眺望山海絕景的好地方

〒 905-0215 沖繩県国頭郡
本部町字野原 60 番地

📞 098-047-5360

🕐 11:00 ～日落　　　　官網

不定休

📍 206 888 578*57

👪 3 歲～成人

🅿 有　　　　　　　　地圖

　　亞熱帶茶屋（あねったいちゃや）位於熱門咖啡廳「花人逢」附近，是一間家庭式經營的咖啡廳，就如同店名，這邊充滿濃厚的南洋風味。主屋全木造設計，規畫了室內及露台座位，屋內地板打掃得一絲不苟，可以赤著腳在開放空間的木地板上，感受暖心的原木空間。在此無論是室內或室外的空間皆可看海，長長的海岸線搭配沿岸村落景色，別有一番風情。

　　巴里島風格的庭院中綠意盎然，兩座發呆亭令我眼睛為之一亮，巴里島的蜜月回憶湧現，我立刻拋棄舒適的屋內空間，決定賴在此休息片刻，讓孩子們盡情地在草地上跑跳，一時之間嬉鬧聲不斷。不一會兒，周圍突然安靜下來，伴隨著山上的涼風，庭院中綠葉騷騷，彷彿時間都慢了下來。剛剛還在一旁打鬧的孩子們去哪了呢？原來是發現了吊床的功用，兩人正輪流躺上去享受著，等待餐點來的這段時間，就在發呆亭中品味難得幽靜的親子時間吧！

▲ 餐點提供現點現做的南洋料理,沒有太多的選擇,但也沒有觀光區的高貴價格,東西好吃,附餐的芒果汁也讓人印象深刻。

▲ 打拋雞的醬汁很下飯,野菜湯板條帶點香茅香氣的酸酸湯頭,讓人口水直流。

On the Beach CAFE

有著細柔沙岸、海天一線美景

▲ 有著細柔沙岸、海天一線美景的On the Beach CAFE。

〒 905-0428 沖縄県国頭郡
今帰仁村今泊 612-2

📞 098-056-4560

🕐 11:00 ～ 18:00
（最後點餐 17:00）
全年無休

📍 553 111 662*13

👥 1.5 歲～成人

🅿 有（免費，20 台）

官網

地圖

On the Beach CAFE 位於美麗海水族館跟古宇利大橋的海岸線中間，對我們夫妻來說是沖繩北部的咖啡廳中最簡單美好的，咖啡廳的正前方就是海灘，吃完了餐點還可以去沙灘走走逛逛，喜歡手作的孩子，On the Beach CAFE 也提供了福獅爺的手繪塗鴉課程。

咖啡廳與海灘沒有距離，四面八方都可以走出咖啡廳，提供室內跟室外的

▲ 沖繩三枚肉熱狗料理（三枚肉の甘辛タコソースパニーニ）

▲ 豆乳湯頭三枚肉（ラフテーと豆乳クリームのシークヮサーこしょう添え）這是裡面我覺得最推薦，也最喜歡的。

▲ 野菜麵（ゴーヤと彩り野菜のバジルコンソメスープ）也挺好吃的，這家的麵條真的很不錯。

▲ 門口的沙灘，有人用珊瑚礁堆了一個超大的愛心。

座位，一樓是室內，二樓是半開放式空間，如果天氣涼爽，坐在戶外吹吹海風，確實很不錯。

　　餐點都是結合當地食材的創意料理，現點現做需要花一點時間等待。來沖繩吃飯就是這麼輕鬆愜意，有美景跟悠閒伺候著，我們真的是深深中了沖繩特有的病毒了。

▲ 淡菜番茄紅醬湯麵（O.B.CAFE 特製ペスカトーレ）

131

Myloplus Cafe

宮城海岸旁，純白雜貨風的悠閒氣氛

〒 904-0113 沖繩県中頭郡北谷町宮城 1-64
シージョイビル 3 樓

📞 098-926-5225

🕐 午餐 11:00 ～ 15:00
下午茶 15:00 ～ 18:00
晚餐 18:00 ～ 0:00
全年無休　　　　　　　　臉書

💲 免費入場

ⓘ 33 554 827*10

👥 1.5 歲～成人

🅿 無（可路邊停車）　　　地圖

　　來到沖繩的這段時間，似乎每到下午時刻，就會想要找一間可看海的咖啡廳歇息放空，曬著溫暖的陽光，坐在視野最遼闊的座位上，靜靜地等待夕陽的來臨。

　　Myloplus Cafe 位於宮城海岸邊的住宅區三樓內，是一間純白色系且充滿海洋風格的雜貨咖啡廳，非常受到女孩子的喜愛。

　　有著黝黑皮膚的店員招呼著我們，看得出來也是愛海的人。店裡放著傑克·

強生的歌曲，面海的大窗戶前放著蓬鬆的美式沙發，還有像是要隨時出發的衝浪板及海軍裝飾，整體來說空間雖然不大卻很舒適。咖啡廳內還有閣樓座位，像是懶人區的設計，能隨意或躺或臥，極為隱密、放鬆。

　　我們隨意點了最簡單的可樂跟紅茶，慵懶地坐在沙發上發呆，看著海上的波光粼粼，時間竟然這麼快就消逝了，正在想著是否離開往河堤上移動時，發現周圍的客人都有一杯招牌 parfait 冰淇淋罐，這個冰淇淋罐有三種口味：巧克力、草莓、芒果。夏天時節當然不能錯過芒果，忍不住誘惑的我們，又加點了一杯 parfait 冰淇淋罐，除了有新鮮的芒果塊在上頭，杯罐中還有濃濃的芒果醬與麥片，

酸甜的滋味讓我覺得好幸福。

　　宮城海岸距離美國村約十分鐘車程，此地有許多潛水客聚集，海濱兩旁有不少潛水店家，海堤上規畫良好的散步道，也是知名的夕陽觀賞地，不少人攜家帶眷來此等待火紅的夕陽西下時刻。

CAFE 薑黃花

沖繩必去的無敵海景景觀餐廳、泰精選餐廳

〒 901-1513 沖繩県南城市知念字知念 1190

📞 098-949-1189

🕐 秋冬時間（10～3月）

　10:00～19:00

　（最後點餐 18:00）

　春夏時間（4～9月）

　10:00～20:00

　（最後點餐 19:00）

　星期二 10:00～18:00

　（最後點餐 17:00）　官網

　全年無休

📍 232 592 051*72

👥 5 歲～成人

🅿 有　　　　　　　　地圖

　　若問沖繩無敵海景咖啡廳推薦首選是哪間？我絕對告訴你，非 CAFE 薑黃花（カフェくるくま）莫屬。若問我有哪一間餐廳會令我想要再訪？我的答案也是 CAFE 薑黃花。

　　CAFE 薑黃花是仲善農業旗下的一間南洋料理餐廳，位於沖繩本島的南部知念村山上，在占地約三千六百坪的くるくまの森中，くるくまの森原本就是產薑黃、香草、諾麗果相關的農舍，CAFE 薑黃花則是隱身其中的一間超人氣泰式餐廳。

　　循著「くるくまの森」的招牌來此，看到旁邊有個鐵皮屋建築，放置一個穿著套裝的餐廳服務生人形立牌，才確定自己找對了地方。穿過鐵皮屋後，終於來到 CAFE 薑黃花的門口。

　　CAFE 薑黃花分為兩個區域，若是不需要在此用餐，可點飲料到外面的庭院看海景。戶外庭院的露台又大又寬敞，山腰上的海風徐徐，就算是大太陽，躲在屋簷下也不覺得熱。想要在這兒待上一時半刻，可以選擇點杯飲料找個位置坐下，這邊看海的視野極為遼闊，海風吹來讓人不自覺地心醉。

　　若是想要用餐須現場排隊等候室內位置，餐廳不接受戶外用餐。即使過了用餐時間，仍須等待一小時左右的時間，建議先排隊登記後，到戶外庭院中走走。

　　咖哩是店裡的招牌，香料也是這間餐廳的強項。菜單中的套餐，光是一份炸雞的咖哩就有三種選擇，同時可以體驗雞、豬、牛不同的辛香快感，炸雞炸得皮脆肉嫩，真是美味。

　　CAFE 薑黃花不僅有一望無際的太平洋絕景，更是泰國皇家政府認證的泰精選（Thai Select）餐廳，無論是美食、美景絕對都令人難忘。

Cafe Yabusachi

南城市
南部

南部海岸無敵海景，海水如玻璃般的夢幻

〒 901-0603 沖縄県南城市
玉城字百名 646-1

098-949-1410

11:00 ～日落
午餐 11:00 ～ 15:00　　官網
下午茶 15:00 ～ LAST
星期三公休（國定假日營業）

232 500 500*06　　地圖

1.5 歲～成人

P 有（50 台，大型巴士 10 台可）

Cafe Yabusachi（カフェやぶさち）位處南部海灘的平台上，沿著濱海的公路就能看見寫著「カフェやぶさち」的白色建築，停車場就在咖啡廳的下方不遠處，走上二樓才是餐廳的用餐區。

　　Cafe Yabusachi 根據沖繩七御嶽之一的「藪薩御嶽」的「藪薩」（やぶさつ）命名而來，以健康、文化及自然為經營理念，提供西式料理及甜點，一旁的草地則是可舉辦戶外婚禮的場地，是當地相當有人氣的餐廳。店內也有提供由沖繩珊瑚碎料烘焙而成的珊瑚咖啡，也是沖繩火紅的伴手禮之一。

　　餐廳室內的一百八十度大落地窗將海邊的美表露無遺，能够優雅地在這裡吃著美食，聊天看美景，無須在外面日曬吹風。但我們熱愛沖繩的太陽，點了適合陽光、海岸的甜品跟冰沙，找了一個戶外最佳的看海座位，坐下來好好品嘗。戶外座

位是一整排面海的木頭吧檯桌椅，午後的沖繩南部微風吹拂，陽光溫暖，今天的海又特別平靜，海灘平緩而深長，海水像是兒時深淺不一的藍色玻璃彈珠，這樣的海在我眼中變得格外可愛。我趴在木桌上，看著愛海的浪人們揚著帆玩着風浪板，就好像航行在鏡面上一般的優游自在，這時還真有些羨慕他們，能在這片海域上翱翔。

▶ 夏天當然就是要吃酸酸甜甜冰涼的水果系列！尤其是 Cafe Yabusachi 的芒果奶酪，芒果香氣十足，奶酪又很綿密，上面還有鮮奶油可以搭配。

▼ 這片海域有不少玩風浪板的高手

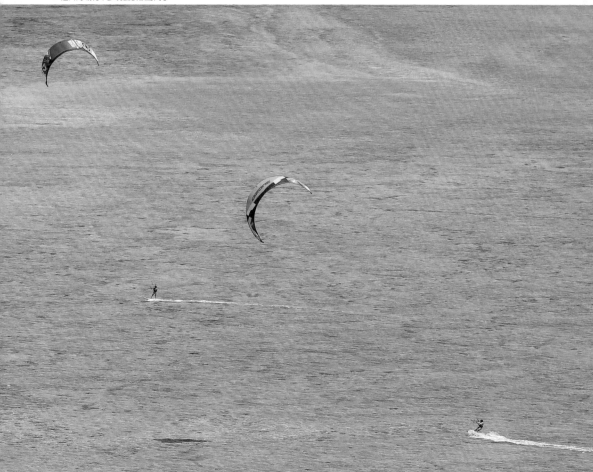

濱邊的茶屋

可以慢步海邊的咖啡廳小木屋

〒 901-0604 沖繩縣南城市玉城字玉城 2-1

📞 098-948-2073

🕙 10:00 ～ 20:00
　（最後點餐 19:30）

　星期一 14:00 開始營業
　例假日請看網站公告 官網

📍 232 469 491*84

👪 1.5 歲～成人

🅿 有（5 台）　地圖

　　濱邊的茶屋（浜辺の茶屋）慢活的海邊氣氛，吸引不少遊客的喜愛，咖啡廳前方就是海灘，面海的大窗戶就像是一幅畫框，特別的是這幅畫會隨著季節、潮汐的變換，展現不同的樣貌。

　　退潮時可以走入潮間帶，在沙灘上享受片刻的陽光、踏踏沙，也可以在屋裡吹著海風發呆、享受美食。漲潮時，蔚藍大海近在眼前，聽著海浪聲，吹著徐徐海風，煩惱都煙消雲散了。

山中茶屋樂水、
天空的茶屋、sachibaru 庭

品嘗美食，享受山中的寧靜與絕妙美景

📮 〒 901-0604 沖繩縣南城市玉城玉城 19-1

📞 098-948-1227

🕐 11:00 ～ 17:00
　　午餐 / 披薩最後點餐 15:00
　　飲料 / 蛋糕最後點餐 16:30　官網
　　星期一 10:00 開，星期日公休

📍 232 469 608*57

👥 1.5 歲～成人

🅿 有（20 台）　　　　　地圖

★ 山中茶屋樂水

　　山中茶屋樂水（山の茶屋樂水）是濱邊的茶屋的姊妹店，一個在海岸邊，一個則是在隔壁山頭的半山腰上，坐擁相同的沖繩的海岸美景，卻是截然不同的視野跟氛圍。來到山中茶屋樂水，心都被這絕妙美景和舒適的環境給收服了。

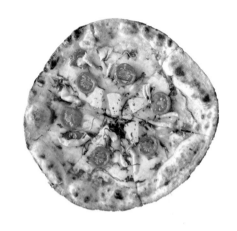

　　小木屋的構造很有趣，樓下有小庭院，也有可以走出去探望山際海岸線的露台，山上的視野更顯得不同，有居高臨下的寬闊感，不用開冷氣就可以感受徐徐涼風。餐點以素食為主，是新鮮健康的美食，有果汁、咖啡、窯烤披薩，也有日式的定食套餐，或是簡易的麵食料理，價格不貴，尤其是披薩特別值得一試。

★ 天空的茶屋

天空的茶屋（天空の茶屋）位於山頂，採預約制用餐，眞是山、海、天的景色全包了，居高臨下一百八十度的無敵景色，還配有露台跟躺椅，在這裡休息，就算有再多的煩惱也都會消失不見呢！

★ sachibaru 庭

　　要抵達天空的茶屋需走十分鐘的山中小徑，這一段路就是 sachibaru 庭（さちばるの庭），在樂水消費的客人可以免費上山賞景。

　　山路盡頭是給富有好奇心和探險精神的人的大驚喜，山路上一草一木整理得十分乾淨，三不五時便可發現土生土長的百年老樹跟庭園造景，就算是夏日，走起來也覺得涼爽。

推薦美食

燒肉

來日本怎麼可以不吃燒肉？身為肉食主義者，沖繩從南到北的人氣燒肉店家都被我吃遍了，去了好幾趟還是吃不膩，憑著越吃越發福的肚子掛保證，推薦給大家絕不失望的八間超人氣燒肉店！燒肉乃我那霸可以單點或吃到飽，燒肉王和燒肉五苑是吃到飽的燒肉店，燒肉本部牧場、肉屋、琉球的牛、敘敘苑、Roins 只能單點。

燒肉本部牧場本部店
北部必吃超人氣燒肉名店

📮 〒 905-0212 沖縄県国頭郡本部町字大浜 881-1

📞 098-051-6777

🕐 午餐 11:00 ～ 15:00
　 （最後點餐 14:30）
　 晚餐 17:00 ～ 22:00
　 （最後點餐 21:30）　　官網
　 全年無休

📍 206 856 433*74

👪 0 歲～成人

🅿 有（免費，40 台）　　地圖

☑免費停車場　☑禁煙　☑可預約　☑酒水單

　　來到沖繩的北部想要吃正統的本部牛，一定要吃本部牧場官方自己開的燒肉店（燒肉もとぶ牧場もとぶ店），因為

就連「燒肉乃我那霸」都是用本部牧場的牛肉，咬下去入口即化，瞬間分筋斷肉的柔順口感是本部和牛的特色。

　　由於本部牧場在沖繩北部是間很熱門的店家，平日的晚上過去也都是幾乎客滿的狀態，如果沒有辦法預約餐館的朋友，建議接近開店時間先過來排隊。在這邊不需要擔心語言的問題，店家有提供中文菜單。

　　門口有賣本部牛肉的相關商品，和牛也有做熟食的餐包跟冷凍肉品，如果要帶回去跟家人分享，建議買和牛的盒裝也是不錯的選擇，裡面是做好熟食的真空包裝，所以可以帶上飛機，是送給長輩們最好的伴手禮。

　　本部和牛的肉質有著細細雪花瓣狀油脂，吃和牛最重火候和翻面的時機，下面爐火在烤的時候，通常上層會逼出一層薄薄的油光，這就代表差不多可以翻面了，和牛的燒烤就是要吃這樣半生熟的，牛肉看起來水水、半透明狀，吃起來綿綿的又很順口喔！

145

燒肉乃我那霸新館

沖繩必吃的黑毛和牛吃到飽，推薦中午超值套餐

🏠 〒 905-0011 沖繩県名護市宮里 7-23-21

📞 050-5590-2668（預約專線）
　　098-043-6583（洽詢專線）

🕐 11:00 ～ 15:00（提供午餐至 15:00）
　　午餐時段吃到飽限時 90 分鐘
　　17:00 ～ 0:00（最後點餐 22:30）
　　晚餐時段吃到飽限時 120 分鐘
　　不定休

📍 206 657 848*81

官網

👪 0 歲～成人

🅿 有（免費）

☑免費停車場　☑禁煙
☑可預約　☑酒水單

地圖

燒肉乃我那霸（燒肉乃我那霸）的起源是沖繩的豬肉產地直營商，這裡的阿古（Agu）豬比和牛還要出名，但自從推出了吃到飽的和牛大受歡迎之後，以其平價又實惠的價格與品質，搖身一變為超人氣的燒肉店，燒肉乃我那霸的名氣之高，就連還沒去過沖繩的人都知道，前來沖繩旅遊的朋友無一不分享。

我們是在名護新館用餐，本館也在附近，用餐時間人真的不少，最好可以事先預約，若是沒有辦法預約，建議中午一開店時或是非用餐時間過來。

雖然大多數人推薦吃到飽，但超實惠的午餐套餐也獲得許多人推薦，一個人約五百元台幣左右，就可以吃到黑毛和牛或是牛舌的精緻午餐，另外也有自助沙拉吧跟甜品、水果可以享用，我覺得午間的套餐真是便宜又好吃。

燒肉乃我那霸的燒肉套餐幾乎都調味過，不需要再加上多餘的調味料，烤肉醬汁跟有名的敘敘苑相比，可說是伯仲之間，不死鹹又可以吃到和牛的好味道。

燒肉五苑名護店

親子遊訪沖繩燒肉吃到飽的首選

〒 905-0005 沖繩縣名護市為又 479-5

098-054-8129，可預約

平日 16:00 ～ 23:00
（最後點餐 22:30）

假日 12:00 ～ 23:00
（最後點餐 22:30）

官網

206 686 469*30

1.5 歲～成人

有（30 台）

地圖

對於帶小朋友的我們來說，真是吃得安心又開心，服務也很不錯，如果你是單純的肉食系，對肉品沒有要求太多，只想要吃肉吃到開心，那麼我覺得這間燒肉店一定會很適合你。

沖繩的燒肉五苑是親子家庭到沖繩吃到飽燒肉首選。

肉品質普通，不需要有太多期待，但這家店不限用餐時間，就算是帶著孩子的媽媽搞定小朋友後，也有足夠的時間好好享受一頓燒肉大餐。

琉球的牛恩納店

恩納村
中部

燒肉和牛料理，享受日式夢幻的霜降油脂

🏠 〒 904-0414 沖縄県国頭郡恩納村前兼久
909-2 1 樓

📞 098-965-2233
中午可預約

🕐 午餐 11:00 ～ 16:30
（最後點餐 15:30）
晚餐 17:00 ～ 23:30
（最後點餐 23:00）
午餐時段 / 不定休 　　官網
晚餐時段 / 全年無休

📍 206 096 716*71

👪 0 歲～成人

🅿 有 　　　　　　地圖

▲ 大多是四到六個人的和式小包廂，環境空間舒適。

▲ 不吃牛肉的長輩也可以點豬肉套餐

▲ 套餐附韓式小菜、沙拉、飯

▲ 肋眼牛排套餐

　　入口即化的的雪花油脂是日本和牛最吸引人的地方，家人初訪沖繩指定必吃沖繩燒肉，對於吃，雖然不是美食家等級，幾次吃下來也是小有心得。沖繩和牛燒肉店家林立，除了單價高的日本品牌牛肉，再加上一行人老的老小的小，也不適合吃到飽店家，我希望讓長輩能吃到實惠又優質的牛肉，於是選擇來到使用縣產牛的店家，由牛肉專家精準的眼光，嚴選出

無品牌優質牛肉的「琉球の牛」。

　　如果是第一次想要來嘗鮮，可先試試看商業午餐，牛肉本身的肉質與新鮮度都很不錯，套餐富含小菜、沙拉、飯、湯，肋眼牛排套除了霜降的牛肉之外，還有肋眼心肉、牛肉排，讓糞少過足大口吃牛肉的癮，整個套餐吃下來也非常有飽足感。長輩也開心地拍照打卡跟親友分享，是間值得再訪的好店！

肉屋

那霸市
南部

國際通上石垣牛料理，要吃就吃當地人的最愛

〒 900-0013 沖繩縣那霸市
牧志 3-1-1

098-869-5448

11:00 ～ 22:00
（最後點餐 21:00）　　臉書

全年無休

33 157 324*40

0 歲～成人

P 無　　　　　　　　地圖

☑付費停車場　☑吸煙　☑可預約　☑可外帶
☑酒水單

　　許多人在吃飯時間走在熱鬧的國際通上都難以抉擇，不藏私地跟大家推薦一家在巷子內的「肉屋」（ししや），具體位置較靠近「PABLO 燒きたてチーズタルト專門店」那條巷子，營業時間從早上十一點到晚上十點，最後點餐時間是晚上九點。但因為位置不多，再加上是居酒屋的經營型態，晚餐時段需要七點左右前往用餐才不會撲空。

▲ 不只能看到餐牌上的價錢，還可以自行挑選和牛產品，去日本怎麼可以不吃和牛，神戶牛跟石垣牛都是必點的肉品之一，來這兒除了和牛牛排之外，海老鹽燒還有握壽司，也都是不錯的選擇。

▲ 蝦子很新鮮，只是稍微用了些淡淡的海鹽調味，就鮮美得不得了，蝦子肉緊實有彈性又大隻，可比在漁港買的貴鬆鬆龍蝦。

　　第一天大約是晚上八點半的時間前往，當時商店街的店家幾乎都已經關門，對於充滿觀光紀念品的商店街來說，就連餐廳也只有少少幾間開著，即使巷子並不小，但走著走著巷子越來越寧靜，自己都很猶豫是否要再往前行。

　　正要放棄準備回頭的時候，似乎聽到一點吵鬧聲，加上不遠處微黃的燈光，在我心底燃起一絲希望，果然讓我找到了「肉屋ししゃ」，只可惜當天太晚去了，客滿又接近關店時間，只能帶著遺憾離開。

　　第二天仍不放棄地再次挑戰，到店裡才剛坐下沒多久，整間店就又客滿了，當晚還是有多組客人帶著遺憾離開，還有孩子跟爸媽說：「這間好香，我想要吃！」但真的很遺憾，我也是來兩次才吃到呢！

　　這家店有可以媲美龍蝦的大海老，

料理得好好吃的和牛。服務生雖然不會中文，但是態度很親切、有耐心，吧檯區都是當地的熟客，外場座位區意外地以香港人居多，因為台港客人多了，現在已有中文菜單。想要挑選牛肉品可以到冰櫃前面挑選，服務生會介紹每一塊牛肉的價位及品質口感，雖然想要挑戰一下和牛，但價位讓我卻步，老闆說：「預算不高的話，其實神戶牛也是挺不錯的，而且價錢很實惠。」於是我們夫妻挑選了一塊重量較小的神戶牛，滿心期待烤牛排的滋味。

　　這邊雖然沒有華麗的裝潢，我們也不是點高級牛排，但職人烤的神戶和牛真的好好吃，穠纖合度的肉跟油脂完全融合在一起，稍微沾點海鹽就非常好吃。另外，我們還點了烤海老及牛肉握壽司，都很不錯。

敘敘苑沖繩歌町店
日本知名連鎖燒肉店

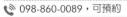〒 900-0006 沖繩縣那霸市おもろまち 4-19-1
ルカフオモロマチ 3 樓

📞 098-860-0089，可預約

🕐 星期一〜星期六 11:30 〜 23:00
（最後點餐 23:00）　　　官網

星期日及國定假日 11:30 〜 22:00
（最後點餐 22:00）

午餐時間 11:00 〜 16:00

全年無休　　　　　　　　地圖

📍 33 188 419 * 42

1.5 歲〜成人

🅿 無

敘敘苑（叙々苑）為日本非常知名的連鎖燒肉店，目前在沖繩只有一間分店，位於單軌歌町站（おもろまち）旁，走路約四分鐘的距離。

敘敘苑是單點燒肉，品質一直都很穩定，價位偏中高，所以通常我們都會趁著中午有套餐的時段來吃，比較便宜，順便一解想吃和牛燒肉的癮。

敘敘苑的午間套餐品質一流，一點都不輸當地的幾間名店。

Roins

品嘗令人難忘的牛舌

🏠 〒 900-0015 沖繩縣那霸市久茂地 2-6-16

📞 098-943-9129

🕐 星期五、星期六
　17:00 ～翌日 5:00
　星期日～星期四
　17:00 ～ 0:00　　　　官網
　全年無休

📍 33 156 478*24

👪 1.5 歲～成人

🅿 無　　　　　　　地圖

　　位於國際通旁的 Roins 和牛燒肉，販售的是沖繩當地自產的和牛，採單點和套餐的方式，偏中高價位。

　　餐廳的環境氣氛氛相當不錯，就連

　　我家的小朋友都覺得好吃，光是牛舌，小朋友就已經吃了好幾塊。和牛富含油脂又軟嫩，放在嘴裡真是最奢侈的享受，到現在我們一家人都還是很想念那個味道。

燒肉王新都心店

肉品品質優的吃到飽名店

🖥 〒 900-0011 沖繩縣那霸市上之屋 1-1-1

📞 098-860-6038

🕐 平日 17:00 ～ 0:00
　（最後入場 23:00）
　星期六、星期日及國定假日
　11:30 ～ 0:00
　吃到飽限時 100 分鐘　　　　官網
　（最後入場 23:00）

📍 33 188 843*52

👥 1.5 歲～成人

🅿 有　　　　　　　　　地圖

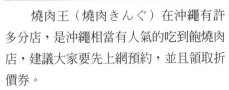

　　燒肉王（燒肉きんぐ）在沖繩有許多分店，是沖繩相當有人氣的吃到飽燒肉店，建議大家要先上網預約，並且領取折價券。

　　以吃到飽的燒肉來說，燒肉王肉品的品質還不錯，選擇也很多，燒肉王吃到飽的方案有三種選擇（二千六百八十日幣、二千九百八十日幣、三千九百八十日幣），二千九百八十日幣跟二千六百八十日幣雖然價格只差了三百日幣，但是卻多了幾種品質較好的牛肉，推薦大家第一次來可以先嘗試二千九百八十日幣的方案。

　　每次點餐上菜都是小盤的分量。日本燒肉店裡海鮮選擇不多，燒肉王的蝦子品質不錯，飲料芒果優酪乳超好喝，而且甜點可以無限次點，大口吃肉的同時也別忘記幫飯後甜點留點空間。

漢堡

由於二戰後美軍在此駐紮的關係，沖繩的飲食文化非常豐富，以往在日本本島旅遊總是吃燒肉、拉麵、蓋飯、壽司等日本料理，但沖繩的國民美食中，沖繩漢堡占了非常重要的地位。沖繩簡直就是漢堡激戰區，到處都可以看到漢堡店，日本旅遊節目也有報導過漢堡店在沖繩的密集度非常高，而二〇一八年公布的日本知名美食網站 **2018tabelog**（食べログ）百大漢堡名店，沖繩入圍了四間，其中三間在沖繩本島，喜歡吃漢堡的人千萬不要錯過。

Captain Kangaroo 名護漢堡店

沖繩漢堡第一名

〒 905-0006 沖繩縣名護市
宇茂佐 183

📞 098-054-3698

🕐 11:00 ～ 19:30
（最後點餐 19:30）　　官網

星期三公休

📍 206 625 846*23

👥 1.5 歲～成人

🅿 無　　　　　　　　地圖

　　有沖繩漢堡第一名之稱的 Captain Kangaroo，是 2018 食べログ評選百大漢堡名店，位於沖繩北部名護的海岸線上，招牌並不明顯，但是到了用餐時間就高朋滿座。漢堡肉多汁又厚實，麵包也相當好吃，尤其是炸雞還有招牌 Sparky Burger 巨無霸漢堡，讓我們印象深刻。

GORDIE'S 漢堡

舊美式風格的餐廳

📠 〒 904-0111 沖繩縣中頭郡北谷町砂辺 100-530

📞 098-926-0234

🕐 11:00 ～ 21:00

全年無休

📍 33 584 567*15

👥 1.5 歲~成人

🅿 有（6 台）　　　　　地圖

　　GORDIE'S 漢堡是 2018 食べログ評選百大漢堡名店，位於安靜的民宅之中，餐廳的裝潢是溫馨的舊美式風格，昏暗的燈光，軟軟的皮質彈簧椅，像是來到國外的家庭小餐廳。

　　來店裡的幾乎都是美國人，GORDIE'S 專賣漢堡、熱狗、三明治，自製的漢堡肉還有鬆軟的麵包皮是他們的主打商品，價格大約是八百五十～一千八百日幣之間，而且可以組合搭配自己想要的漢堡口味，在菜單上都有食材用料的圖示可以選擇，套餐還有薯條跟可樂。

▲ double cheese burger (combo)1300 日幣（含飲料），雖然 GORDIE'S 的漢堡外表看起來普通，但是肉跟漢堡皮真材實料，我對它的麵包印象深刻，肉排也有別於一般的肉末，多汁且吃起來有彈性。

▲ 熱狗（hot dog）830 日幣，我覺得一定要嘗嘗看，麵包吃起來很乾爽有彈性，加上酸到流口水的酸菜、好吃的熱狗，記得一定要配一口可樂，才夠過癮！

氾濫漢堡

驚人的巨無霸漢堡

〒 901-0233 沖縄県豊見城市字瀬長 174-6
ウミカジテラス 1 樓 4

098-851-8782

11:00 ～ 21:00（最後點餐 20:00）
全年無休

33 002 573*50

1.5 歲～成人

P 無　　　　　　　　　　　地圖

氾濫漢堡（氾濫バーガーチムフガ
ス）最大的特色就是恨天高般的大漢堡，

當美味的漢堡上桌時，第一眼一定是驚
訝、驚喜，再來就是不知所措，完全不
知道該怎麼下手，氾濫漢堡不是一口就
能咬下的分量。

不管是蛋沙拉、漢堡肉、ＢＢＱ的
燻豬都是可以拆開享用的，氾濫漢堡的
辣醬不會重口味，配著漢堡肉吃剛剛好，
漢堡肉很扎實，龔少很愛最上面那層的
ＢＢＱ燻豬肉，有熏木香氣也有韌性，
越吃越香。

美食筆記區

★

其他入選 2018 食べログ評選百大漢堡名店

☞ ズートンズ（Zooton's）久茂地店

🏣 〒 900-0015 沖縄県那覇市久茂地 3-4-9

📞 098-861-0231

🕐 11:00 ～ 21:00（最後點餐 20:30）
　星期二、星期日 11:00 ～ 17:00（最後點餐 16:30）
　全年無休

📍 33 157 274*06

👥 1.5 歲～成人

🅿 無

官網

地圖

☞ ダグズ バーガー（DOUG'S BURGER）宮古島本店

🏣 〒 906-0013 沖縄県宮古島市平良下里 1153-3 101

📞 098-079-0930

🕐 11:00 ～ 20:00（最後點餐 19:30）
　每月第三個星期三公休

📍 310 424 888*32

👥 1.5 歲～成人

🅿 有（14 台）

官網

地圖

牛排

來沖繩就一定要嘗試一下沖繩平價牛排館，這幾趟去沖繩自由行，整個愛上沖繩牛排，尤其是小芋圓來沖繩超愛吃牛排，每次來沖繩就會說要吃哪一間，也因為她的關係，很多間我們都吃過兩遍以上，才能跟大家分享這麼豐盛的一篇沖繩牛排的攻略文章啊！

潛水員牛排

彷彿走入舊時場景的牛排館

名護市 北部

Chapter 6・推薦美食

☎ 〒 905-0006 沖繩縣名護市
　字宇茂佐 162 番地

📞 098-052-5678

🕐 11:30 ～ 22:00
　（最後入場 18:00 ～ 20:00）官網
　星期三公休

📍 206 625 820*73

👪 1.5 歲～成人

🅿 無　　　　　　　　　　地圖

　　位於名護的潛水員牛排（Restaurant Flipper），從一九七一年開業至今有四十多年的歷史，進去餐館裡彷彿走入了舊時場景。潛水員牛排專賣牛排跟龍蝦料理，到了晚餐時間可是一位難求。

　　Restaurant Flipper 的牛排上有些許的蒜泥，以及萊姆片和奶油，將蒜泥與奶油均勻地抹在牛排上方，每一口都充滿了蒜泥混搭著牛肉的香，以及奶油襯托出來的滑潤口感。

　　另一樣精采餐點，我們都認定是這片方方的厚片吐司麵包，除了牛排好吃之外，自己做的麵包也是店裡的招牌，表面酥脆，裡面帶了些微微 Q 度，吃過讓人印象深刻呢！

STEAK HOUSE BB 美國村店

酸溜溜的牛排讓人食慾大開

北谷町
中部

〒 904-0115 沖繩県中頭郡
北谷町美浜 9-1
デポアイランドビル A 館 2 樓

📞 098-936-8234

🕐 11:00 ～ 22:00
全年無休

📍 33 525 382*11

👥 1.5 歲～成人

🅿 有（200 台）

官網

地圖

有網友說沖繩 Steak House BB 牛排，在沖繩的牛排店中別有特色且小有名氣，對於牛排的調理，Steak House BB 牛排自有一套沖繩風格的招牌料理——檸檬烤牛排！

我們都很喜歡沖繩牛排館對於牛排的小小心思，酸溜溜的牛排讓人食慾大開，而且好多汁。蝦鐵板燒也表現得很不錯，食材很新鮮，適合喜歡吃海鮮的朋友。

縣民牛排國際通店

少數有阿古豬和牛舌的牛排店

那霸市
南部

〒 900-0013 沖繩県那霸市
牧志 3-8-31

📞 098-959-1612

🕐 11:00 ～ 23:00
（最後點餐 22:30），全年無休

📍 33 158 272*36

👥 1.5 歲～成人

🅿 無

官網

地圖

縣民牛排（県民ステーキ）有其他間牛排店較少見到的阿古豬還有牛舌，以平價牛排來說，缺點就是環境稍微差了點，如果不在意環境就可以來用餐，像我就念念不忘那個熱呼呼的牛舌，與濃郁的牛肉湯呢！

果然要吃牛排 2 號店

那霸市
南部

富士山熔岩鐵板燒盛牛排

〒 900-0032 沖繩縣那霸市松山 2-7-16

📞 098-988-3344，可預約

🕐 星期一～星期四
11:00～翌日 6:00
星期五、星期六
11:00～翌日 7:00
星期日 11:00～21:00
全年無休

官網

🛈 33 156 777*74

👥 1.5 歲～成人

🅿 無

地圖

果然要吃牛排（やっぱりステーキ）2 號店是網路評價較好的一間，果然要吃牛排館的牛排分類是看部位來分價格，總共有四個部位，基本的分量都是兩百克，這個分量對於女生而言，已經非常足夠。店內提供自助吧，有湯、沙拉、還有飯與茶水。

招牌牛排やっぱりステーキ的兩百克牛肉眞的不小，配上自助餐，就算是一般男生也可以吃得很愉快，肉質算是很不錯，潤嫩又多汁，龔少覺得以這個價位的牛排來說，眞的物有所值！

由於店家是採用富士山熔岩鐵板燒盛牛排，建議大家不要吃太熟，約三分熟左右即可，不然在鐵板上面放久了會太老。

JUMBO STEAK HAN'S 久茂地本店

餐點與環境評分超優的店家

📮 〒 900-0015 沖繩縣那霸市
久茂地 3-27-10

📞 098-863-8890

🕐 11:00 ～ 23:00　　　　　　官網
全年無休

📍 33 157 427*31

👥 1.5 歲～成人

🅿 有　　　　　　　　　　　地圖

JUMBO STEAK HAN'S 有炸雞腿排，

皮脆肉嫩，超受小朋友喜歡。餐點與環境的綜合評分是前一、二名的店家，東西好吃，價格也合理，氣氛也不錯。

國際通的久茂地本店對面有特約停車場，服務人員會說一點中文，對小朋友相當友善。

我們特別點了肋眼，肋眼又稱老饕牛排，油花豐富又相當軟嫩，肉質也很適合小朋友吃。

STEAK HOUSE 88 辻本店

肉品品質一流又價格實惠

〒 900-0037 沖繩縣那霸市辻 2-8-21

📞 098-862-3553

🕐 星期一～星期四、星期日
　　11:00～翌日 4:00
　　（最後點餐 3:45）　　官網
　　星期五、星期六、國定假日前一天
　　11:00～翌日 6:00
　　（最後點餐 5:45）
　　全年無休

📍 33 155 594*25

👥 1.5 歲～成人

🅿 有（30 台）　　地圖

STEAK HOUSE 88 牛排店的牛排選擇多，有平價的特選牛排，也有高價的和牛可以選擇，牛排肉品的品質真的是一流，價格也實惠，包準可以讓肉食族的朋友吃得過癮。

如果是第一次來，建議可以挑選約二千日幣價位的牛排，就可以嘗到不錯的美味，但是好不好吃還是要挑選部位，除非你真的喜歡比較多筋的沙朗或是紐約客，不然我會推薦菲力或是帶骨牛肋排。附帶一提，這家的塔可餅也好吃。

傑克牛排館

六十年歷史的沖繩老字號名店

〒 900-0036 沖繩縣那霸市
　　西 1-7-3

📞 098-868-2408

🕐 11:00～翌日 1:00　　官網
　　第二、第四個星期三公休

📍 33 155 087 * 15

👥 1.5 歲～成人

🅿 有　　地圖

傑克牛排館（JACK'S STEAK HOUSE）從一九五三年開店至今有六十年歷史，儼然已經是沖繩牛排的招牌店家，所以來到沖繩時，都一定會聽過這間老牌名店，身為牛排界的老字號，價格算是中等價位，再加上台灣旅遊節目的推廣，每到用餐時間真是大排長龍。

沖繩島料理

想要體驗沖繩最在地風情，從美食入手就對了，在地沖繩美食，傳統家庭料理中，尤其以獨特風格的沖繩麵最為經典，捲捲的富有彈性的麵條，濃郁的大骨湯，加上最讓人津津樂道的像果凍般水嫩感的豬軟骨，這也難怪有不少的死忠者喜愛。除了麵之外，沖繩家庭料理最出名的就是沖繩苦瓜跟阿古豬料理，三枚肉、燉豬腳、雜炊飯、餐肉炒苦瓜、琉式炒麵，這些好吃又富有人氣的店家，真是吃再多遍也不會膩。

岸本食堂

本部町
北部

價格平易近人的百年老店

📮 〒 905-0214 沖縄県国頭郡本部町渡久地 5

📞 098-047-2887

🕐 11:00 ～ 17:30，星期三公休

📍 206 857 712*58

👥 1.5 歲～成人

🅿 有（11 台）　　　　　　　　地圖

　　位於北部的岸本食堂手打沖繩麵，一九〇五年創業至今是最具特色的沖繩百年老店之一，店裡的裝潢保留著古早味的歷史風格，牆上有一張張的明星簽名卡，還有幾張木桌、木椅，斑駁的木頭裝潢。坐上了榻榻米，還有老闆的問候，溫暖的感覺像是回到家一樣。

　　岸本食堂的餐點價格超級平易近人，來這裡的饕客最愛點滷得入味的三枚肉跟厚實有咬勁的麵條，湯頭用炭火烹煮，還有淡淡的木頭香氣，令人印象深刻。

百年古家大家

名護市
北部

沖繩稀有的阿古豬涮涮鍋料理

〒 905-0004 沖繩縣名護市中山 90

📞 098-053-0280

① 午餐 11:00 ～ 17:00
（最後點餐 16:30）
晚餐 18:00 ～ 22:00
（最後點餐 21:00）　官網

全年無休

① 206 745 056*82

👥 0 歲～成人

🅿 有（免費）　地圖

　　沖繩的百年古老民家改建成的「大家」（うふや），建於明治時代後期，由安里家修復後，將澤岻家、新城家轉移重建，共八棟百年歷史建築，一旁的瀑布流水還有庭園造景，讓我們才進屋就驚歎連連，是我個人私心推薦一定要來吃的一間沖繩料理店。套句台灣人的話：「吃裝潢」，我覺得就算是為了裝潢來吃也值得，連棟的老建築中獨特的日式琉球文化，讓在百年古民家用餐格外有氣氛。

　　菜單分為午餐與晚餐菜單，中午有提供沖繩麵、炸豬排等平價料理，若是只想要單純感受百年古家的用餐氛圍，可以選擇中午前來用餐。而招牌阿古豬肉火鍋，午晚餐都有提供，需要一次點兩人份才能供應，幾乎每桌都有點這個招牌火鍋，餐點分量很大，非常受歡迎。想要去用餐的客人，可以先上官網預約訂位。

浜屋沖繩麵

北谷町 中部

果凍般的軟骨，驚人口感揪歐伊西

📮 〒 904-0113 沖繩縣中頭郡北谷町宮城 2-99

📞 098-936-5929

🕐 10:00 ～ 20:30（最後點餐 20:00），不定休

📍 33 584 046*87

👪 0 歲～成人

🅿 有（免費，2 台）

☑路邊停車場　☑禁煙
☑可預約

地圖

　　來到沖繩一定要吃當地的沖繩麵，最具代表性的就是沖繩的三枚肉、白豬腳，還有燉得軟爛到骨子裡的軟骨肉。想要吃當地的特色料理，這間浜屋沖繩麵就是指標性的一間麵店，店裡的裝潢很居家，像是來到日本古早時的食堂，就連外國人都擋不住這營養滿點的魅力，帶著一家老小來光顧。

這家店位於沖繩的中部，附近的潛水商家林立，海濱就是綺麗的潛水景點，鄰近的人景點就是美國村，還有超人的 AEON 購物商場，所以這裡不時可以看到許多的外國人在這裡從事休閒活動，吃完了浜屋，還可以上堤防觀賞沖繩獨有的海濱美景呢！

浜屋最有名的就是軟骨麵，價格非常平實，小碗的軟骨麵也才三百七十日幣，麵條的分量很多，吃起來像是厚實有咬勁的意麵，高湯濃郁，沒有太多的調味，加上浜屋麵的軟骨肉煮得非常軟爛，連軟骨都像果凍般，無人出其右，所以非常出名。

除了軟骨麵之外，也有賣白豬腳跟三枚肉，浜屋的豬腳沒有什麼調味，是我們最愛的中段，中段用了些鹽巴調味，可以吃出豬腳鮮美的原味香氣。

▼ 薑末放在高湯裡會多了一味，中段的骨頭裡還可以吸到骨髓。

みはま食堂

 沖繩麵

北谷町
中部

招牌的蘿蔔排骨湯麵限量販售

〒 904-0115 沖繩県中頭郡北谷町美浜 1-2-10

098-936-8032

11:00 ～ 18:00，全年無休

33 496 738*57

1.5 歲～成人　　　　　　地圖

P 有

　　みはま食堂就位於美國村不遠的地方，開車五分鐘就可以抵達，與軟骨麵不同的是みはま食堂的招牌是蘿蔔排骨湯麵，每天限量賣完就吃不到了，除了招牌之外，這裡的豬腳也相當好吃，湯頭濃郁，跟軟骨麵不遑多讓。

琉球茶房

來這裡享用道地琉球料理

☖ 〒 903-0812 沖繩縣那霸市首里当蔵町 2-13

📞 098-884-0035

🕐 午餐 11:00 ～ 15:00
（沖繩麵和定食）
晚餐 17:00 ～ 23:00
（泡盛和琉球料理）

官網

📍 33 161 797*38

👪 1.5 歲～成人

🅿 無（周邊有付費停車場）　地圖

　　琉球茶房是位於首里城下的一間古宅，賣的是道地的琉球料理，看著大排長龍的人潮就知道這店不簡單。外頭的人潮雖擁擠，房間裡卻可以享受到半刻悠閒，

配上道地的琉球美食，可是人生一大樂事。琉球茶房的滷豬腳、墨魚炒麵，還有軟骨麵，每一道都讓人印象深刻，即使是吃過這麼多琉球料理的我，琉球茶房在珍藏的名單裡可以排上前三名。

沖繩麵

なかむら屋安里

二十四小時營業的麵店

🏠 〒 902-0067 沖繩縣那霸市安里 388-6

📞 098-871-4317

🕐 24 小時營業

📍 33 158 474*61

👥 1.5 歲～成人

🅿 旁邊超市有免費停車場　　地圖

看過日劇的朋友一定看過日本人下班後在小吃攤吃小吃、喝酒聊天的畫面，這間なかむら屋安里就非常有那樣的氣氛。

なかむら屋安里二十四小時營業，想要來吃就吃得到，建議可以點招牌的軟骨麵，軟骨麵的骨頭很 Juicy、軟軟脆脆的，骨頭邊的肉又香又好吃，再加點沖繩的泡盛辣椒，更是提升了整碗麵的層次。

沖繩家庭料理

沖繩料理店みかど

沖繩媽媽經營的平民料理店

🏠 〒 900-0032 沖繩縣那霸市松山 1-3-18

📞 098-868-7082

🕐 8:00 ～ 0:00

📍 33 156 563 * 17

👥 1.5 歲～成人

🅿 無（周邊有付費停車場）　　地圖

沖繩料理店みかど是一群沖繩媽媽一同經營的平民料理，在地經營已有相當久的時間，二十四小時不打烊，網路上的評價甚高，也有很多日本的在地媒體報導。在

這裡吃飯很居家，還有電視可以看，真正的沖繩料理味道很平實，用在地新鮮食材入菜，營養與媽媽的愛心都在裡面了，如果想要更深入地體驗沖繩美食，這間沖繩料理店みかど一定要來試試看。

吉崎食堂歌町店

適合親子同遊的居酒屋

〒 900-0006 沖縄県那霸市
おもろまち 4-17-29

098-869-8246

17:00 ～ 0:00
（最後點餐 23:30）

33 188 537*62

1.5 歲～成人

P 無（周邊有付費停車場）

官網

地圖

　　吉崎食堂就在單軌列車「新都心（歌町）站」，燈火明亮的日式木造平房相當顯眼。有小孩的家庭想要找居酒屋聊天喝酒，這裡是個不錯的選擇，氣氛好，小菜也好吃，店家有禁菸，小朋友去也沒問題。吉崎食堂的美食以沖繩當地料理為主，海鮮類是河豚生魚片跟鰤魚類的火鍋，阿古豬跟超好吃的滷豬腳讓人印象深刻。

沖繩麵

くんなとぅ

南城市 南部

有無敵海景和超好吃蕎麥麵

〒 901-1400 沖繩縣南城市 玉城志堅原 460-2

098-949-1066
可預約　　　　　　　　官網

11:00 ～ 19:00，全年無休

232 467 538*56

1.5 歲～成人

P 有　　　　　　　　　地圖

　　沖繩東南部奧武島的橋旁，有間讓我們一家人都喜愛的麵食，就是專賣蕎麥麵的くんなとぅ。

　　くんなとぅ的蕎麥麵不僅有沾麵，傳統的大骨湯頭口感，加上免費又新鮮的酢海藻，真是與眾不同的組合。蕎麥麵有別於沖繩麵軟 Q 的口感，湯頭跟麵條的搭配比原有的麵條都要更合拍，湯麵、炒麵也是醬汁濃郁、酸鹹好吃。不只如此，這裡還可以在室外享用美食，正對著奧武島，享受著一百八十度的無敵海景。

國際通周邊人氣早午餐

第一次來國際通，想在大街上吃一頓豐富的早午餐是件不容易的事，因為美食幾乎都在巷子裡，為了讓大家有個美好的早晨，特別介紹了一些走路就可以抵達的人氣名店。

LA CUNCINA

新鮮的水果三明治超可口

☎ 〒 900-0022 沖繩縣那霸市樋川 2-3

📞 098-851-7422

🕐 7:30 ～ 18:00，星期一公休

📍 33 128 810*64

👪 1.5 歲～成人

🅿 無　　　　　　　　地圖

LA CUNCINA 在離國際通不遠的地方，靠著新鮮水果與鮮奶油的搭配，吸引了不少饕客的青睞。門口有大大的水果相片，而新鮮的水果三明治則是在裡面的冷藏庫之中，大大的草莓水果切面看起來就很可口，吐司跟奶油把酸橙橙的滋味給包容了，奶油口感清爽，吃起來也柔軟。

甘味處萬丸那霸泉崎店

那霸市府認證的健康店家

☎ 〒 900-0021 沖繩縣那霸市泉崎 1-9-7

📞 098-867-2593

🕐 星期一～星期五
　　7:30 ～ 18:30
　　星期六、國定假日
　　9:00 ～ 17:00
　　星期日公休

官網

📍 33 156 048*68

👪 1.5 歲～成人

🅿 無　　　　　　　　地圖

位於沖繩國際通前方不遠處，有間超卡哇伊的咖啡廳──甘味處萬丸，這裡提供來自名古屋的名產特色早餐，小小的店裡可以看著人來人往。這裡可是被那霸市府認證的健康店家，名古屋的

特色早餐就是買飲料會送正餐──吐司、溫泉蛋等料理，相當豐盛。喜愛沖繩的老闆跟老闆娘，也把咖啡廳布置得很溫馨，真的很適合我們這種帶著小朋友的一家人，我尤其喜愛吐司旁附上的紅豆泥，甜滋滋的充滿幸福感呢！

第一牧志公設市場

便宜海鮮、石垣島辣油這邊買

🏠 〒 900-0014 沖繩縣那霸市松尾 2-10-1

📞 098-867-6560

🕐 8:00 〜 21:00 賣完為止
第四個星期日公休

📍 33 157 264*60

👥 1.5 歲〜成人　　　　　　　官網

🅿 無

☑付費停車場　☑禁煙
☑可外帶　　　☑午餐菜單
☑酒水單　　　　　　　　　地圖

　　第一牧志公設市場將於二〇一九年六月遷移整修，預計整修三年，整修期間市場內的店家會搬至臨時市場「にぎわい広場」。

　　早上吃生魚片很奇怪嗎？不過第一牧志公設市場真的很多人早上來逛，是許多自由行旅客的最愛，海鮮的新鮮度絕對沒話說，來訪的人潮總是絡繹不絕，

　　這裡不只海鮮，就連伴手禮都相當好買。

　　從國際通走過來不到五分鐘的路程就可以抵達第一牧志公設市場。我第一次早餐吃得這麼的奢侈，是生魚片大餐啊！還在附近買到了沖繩特有的辣醬油當伴手禮，相當值得一訪喔！

▲ 海鮮攤並不多，可以稍微比較一下，不過價格都差不了太多，大部分的海鮮沒有標價，一定要問清楚再下手，烹煮的部分是會另外再加費用的，最值得推薦的就是冷藏櫃裡的生魚片，五百元日幣就有超大一盤的甜蝦跟生魚片組合。

▲ 伴手禮區最熱門的就是沖繩醬油、雪鹽餅乾、紫地瓜餅乾、豬頭皮跟沖繩辣椒泡盛，這裡賣的沖繩醬油是我們見過價格最便宜的，建議可以來這裡選購（沖繩的辣醬油有點像是清淡版的 XO 醬，非常好吃，拌麵拌飯更是一流）。

oHacorte Bakery

oHacorte 水果塔的複合式餐廳

📮 〒 900-0021 沖繩縣那霸市
　　泉崎 1-4-10 喜納ビル 1 樓
📞 098-869-1830
🕐 7:30 ～ 20:00，不定休　　官網
📍 33 126 741*06
👥 1.5 歲～成人
🅿 無（周邊有付費停車場）
　　　　　　　　　　地圖

　　oHacorte Bakery 是來沖繩必吃的甜點「oHacorte 水果塔」的複合式餐廳，如果是第一次來沖繩想要吃甜點，oHacorte 水果塔是龔少一定會推薦的店家，不過這間 oHacorte Bakery 有些不一樣，三層樓建築，搭配紅磚牆還有木造的裝潢，除了專賣水果塔，還多了早午餐套餐跟麵包飲料，要在沖繩市區吃早餐或是美味甜點，不妨可以將 oHacorte Bakery 列入清單中。

Jef Burger 苦瓜漢堡那霸店

山苦瓜漢堡十分爽口

📮 〒 902-0065 沖繩縣那霸市壺屋 1-1-5
📞 098-867-4941
🕐 9:00 ～ 18:00
📍 33 157 058*24
👥 1.5 歲～成人
🅿 無　　　　　　地圖

　　在地人最愛的早餐速食店 Jef Burger 苦瓜漢堡，賣的餐點是西式的沖繩苦瓜漢堡，光是在沖繩南部一年就有七萬份的銷量，在網路上的評分頗高。山苦瓜是沖繩有名的特產，清爽又有著獨特香氣與淡淡的苦味，相較於白玉苦瓜，這樣的山苦瓜更是讓人喜愛三分。早上的時候可以看到許多在地人在 Jef 速食店裡吃著漢堡聊天，不敢嘗試苦瓜漢堡的朋友，也可以點簡單的吐司套餐。

豬肉蛋飯糰本店牧志市場本店

超人氣排隊早餐，三明治飯糰料理

〒 900-0014 沖繩縣那霸市
松尾 2-8-35

098-867-9550

7:00～17:30　　　　　　　　官網
提供早餐、午餐
星期三公休

33 157 323*06

0 歲～成人　　　　　　　　地圖

P 無

在牧志公設市場旁的豬肉蛋飯糰本店（ポークたまごおにぎり本店），還不到七點就排滿了滿滿的人潮，這裡賣的是早餐的飯糰三明治，門口的海報提供了相當多的選擇，ポークたまごおにぎり本店的基本搭配一定都有海苔飯糰、肉、蛋，再搭配其他食材。

豬肉蛋飯糰裡頭夾著層層的新鮮食材，飯糰現點現做，需要耐心等待，像我們當天是日本連休日，就排了一個多小時，飯糰拿到手裡時真有著莫名的感動。

不想排隊的朋友可以下午五點將近關店的時候去，約二十分鐘左右就可以排到手了，回程當天也可以在那霸機場國內線一樓的分店購買。

▲ 炸魚豬肉蛋飯糰是我們覺得最推薦的，炸魚排還有搭配自己調配的美乃滋，吃起來搭配得剛剛好，吃起來嘴巴裡大多是魚肉的香氣，很適合我們這種肉肉族，不管是魚肉還是餐肉塞得滿滿的，感覺就是很幸福。

▲ 我們這次點了三種：炸蝦、鮪魚蛋、炸魚，米飯顆粒分明很有彈性，就連冷掉後的飯糰都很不錯。

其他料理

沖繩除了燒肉、漢堡、牛排、沖繩島料理、國際通早午餐，還有許多形形色色的美食店家，都非常值得一訪。

宇宙中第三好吃的炸甜甜圈
Malasada冰淇淋店

名號響亮的甜點店，吃甜甜圈冰淇淋還能看美麗海景

〒 905-0225 沖縄県国頭郡
本部町字崎本部 671-1

📞 098-051-6536

🕐 10:00 ～ 17:30　　　　　官網

📍 206 736 383*30

👥 0 歲～成人

🅿 有（免費）　　　　　　　地圖

☑免費停車場　☑可外帶

來到沖繩除了美景之外，一定要配美食，尤其是餐後沒有甜點，襄少一整天都會不開心，還好沖繩有許多名號響亮的甜點店，「宇宙中第三好吃的炸甜甜圈 Malasada 冰淇淋店」就是其一。別懷疑，不是我多幫它冠了名號，店的名稱就叫作「宇宙で 3 番目においしい揚げ

たてマラサダドーナツアイスのお店」，
光是聽到店名就讓人超心動，爲了了解
宇宙間的甜點，當然是要來這裡一趟，
在這邊吃甜甜圈冰淇淋還可以看美麗海
景，實在太療癒啦！

　　果然要探究宇宙間的奧義是有點困
難度的，地點不太好找且很容易就錯過
了這間冰淇淋店。其實，下了許田收費
站，往美麗海或古宇利大橋時，在途中
就會遇見一排黃色平房小屋，它就在這
排店家之中，建議大家除了找地址跟電
話之外，就認明黃色的海邊小屋。

　　我們來的時間其實已經快打烊了，
但是老闆還是很爽快地接待我們，還跟
我們拍照。甜甜圈冰淇淋有四種口味，
有香草、焦糖、櫻桃跟草莓口味，最受
歡迎的是焦糖甜甜圈冰淇淋。由於冰淇
淋是現點現做，老闆請我們到後方座位
看看夕陽海景，另外二樓也有座位，那

邊可以欣賞更遼闊的海景。

　　焦糖甜甜圈冰淇淋剛炸好熱呼呼的，
甜甜圈很像是我們台灣在路邊攤賣的甜甜
圈加砂糖，外皮薄脆，內餡鬆軟還有麵皮
香，內夾一球焦糖冰淇淋，吃起來並不甜
膩，一口咬下去口感很多層次。這樣充滿
人情味的甜點小店，簡直就是開車後的充
電站，有經過的朋友千萬不要錯過了。

しまドーナッツ甜甜圈

宇宙前三名超療癒的可愛甜甜圈

〒 905-1152 沖繩縣名護市伊差川 270

📞 098-054-0089

🕐 11:00 ～ 15:00 賣完為止
國定假日公休

📍 485 360 584*41　　　　官網

👪 0 歲～成人

🅿 有（免費，2 台）

☑免費停車場　☑禁煙
☑可外帶　　　　　　地圖

　　沖繩這座小小的島嶼，可以吃到世界宇宙級的美食，不知道大家吃過幾間了呢？

　　我在沖繩吃過宇宙第三好吃的甜甜圈冰淇淋、世界第二好吃的菠蘿冰淇淋，這次來到網友號稱是宇宙前三名的「しまドーナッツ甜甜圈」。日本的餐廳名號還真的不少，但就是會讓人有想要收集的衝動，這些名號雖然誇張，但一想到吃到宇宙前三名，自己也都驕傲了起來呢！

　　「しまドーナッツ甜甜圈」位於沖繩的北部，是間有白色瓦片跟藍窗框，漆上了斑駁的白漆、瀰漫海邊小屋氣息的小房

子,白色的屋簷就比我還高一些,店內裝潢小巧精緻,裝潢就是標準的手作風格,房間內的復古馬賽克隔窗和販售甜甜圈的小櫃檯,全部都是木頭手工設計,燈飾選用海邊港口在用的小吊燈,顯得格外溫馨。若是想要在店內用餐的朋友需要提早前來,店內座位只有兩小桌約四人座,如果沒有位子就只好外帶了。

這家店最大的特色就是非油炸甜甜圈,使用烘烤的方式,每天現烤現作,口感及作法有點像是甜甜圈版的馬芬,吃起來鬆軟,摻夾著新鮮果肉與香料,香氣十足。甜甜圈總共有十種口味。櫃檯上的木頭櫥窗內靜放著現烤的甜甜圈,每一款看起來都相當美味可口,透過玻璃窗像是裝飾品般呈現著,一時之間還真難選擇。

在眾多口味之中我們點了兩種各自的最愛,一個是可以吃到新鮮香蕉片的

香蕉口味,實在特別,一個是巧克力口味的甜甜圈,除了上下不同口味的甜甜圈之外,中間還有夾層的巧克力醬,口味多元又不單調。我們還點了瓶很可愛的胖胖瓶蘋果汁來搭配。有人說吃到好吃的甜點會開心一整天,我在想大概就是在說這間店吧!

369 farm cafe

名護市
北部

名護超人氣入口即化的剉冰，超濃郁芒果季節限定

🏠 〒 905-0011 沖縄県名護市宮里 1007 番地

📞 080-6497-3690

🕐 11:00 ～ 18:30

（最後點餐 18:15）

星期三，第一、第三個星期四
公休

📍 206 776 273*53

👥 0 歲～成人

🅿 有（免費，6 台）

☑免費停車場　☑禁煙

☑可預約　☑可外帶

官網

地圖

▲ 店裡的裝潢在手作風格裡帶了些童趣，餐點餐牌都是用手工畫
的，除了冰品之外，還有賣自家烘焙的手工咖啡跟蛋塔，老闆
跟老闆娘非常親切，給人賓至如歸的感覺。

雜貨風格貨櫃屋的「369 farm café」（みるくふぁーむカフェ）是沖繩名護的人氣冰店，店家也是種植咖啡的農民，所以店內主打小農市場，提供時令水果及蔬菜，隨著季節更改菜單。

咖啡廳店面是可愛的小貨櫃，復古的刨冰機跟手作的裝潢都超吸睛，至今營業了將近四年，下午時間還可以看到不少人打電話來預約跟外帶。

冰品都是新鮮濃郁路線的現打果漿剉冰，多達十三種口味，各種口味的糖漿都是手工製作，還不時會推出新品，光是選擇就花了我不少時間，因為每一種都好想嘗試看看啊！

夏天最有人氣的冰品就是芒果剉冰，芒果剉冰一上桌時那多層次的口感真是令人驚豔。它的冰體是剉冰冰體，口感卻像是雪花冰一樣入口即化，選用縣產的芒果製作而成的芒果醬覆蓋住整碗冰，再淋上新鮮芒果製作的芒果雪泥，最後放上一球香草冰淇淋，著實吃得過癮。

▲ 夏天非常推薦的芒果冰還附上手作的煉乳，煉乳已經調成水狀，所以很方便澆淋，口感是細緻的剉冰，很快就融化在嘴裡，跟台灣的剉冰很不一樣，吃的時候還有點小技巧，最好是從剉冰的頂部吃，往裡頭挖去還會有濃郁的新鮮芒果雪泥，除了醬汁之外還吃得到纖維。

▲ 黑糖大豆粉，是吃廚餅都一定要加的豆粉，選這個的原因不外乎就是沖繩特產的黑糖，還加上大豆粉跟白湯圓，黑糖白玉下面還鋪了滿滿的大紅豆，料多味美甜味爆表，簡直就是為了愛甜食的人而生。

▲ 昭和22～23年製造的懷舊風刨冰機。剉冰大約有十三種口味可以選擇，除了季節限定的口味外，也有沖繩才吃得到的黑糖跟紅芋。

▲ 除了冰品之外，也有可以搭配咖啡的手工蛋糕，滋味像是葡式蛋塔，外皮酥、內餡濃郁。

海鮮料理浜の家

恩納村旁海鮮料理，鐵板超大鮮魚定食

🏣 〒 904-0415 沖縄県国頭郡恩納村仲泊 2097

📞 098-965-0870

🕐 11:00 ～ 22:00

（最後點餐 21:30）

全年無休

ℹ️ 206 035 728*40　　官網

👥 0 歲～成人

🅿️ 有（免費，6 ～ 7 台）

☑免費停車場　☑禁煙

☑可預約　☑酒水單　　　地圖

　　「海鮮料理浜の家」是隱藏恩納村中的一間海鮮料理店，沒有明顯招牌，店長每日都會去漁港挑選新鮮魚貨，嚴選食材的漁村料理吸引不少雜誌前來探訪，我就是在沖繩專刊上看到整隻海膽焗烤龍蝦跟香煎奶油燒魚料理，決定前來朝聖。抵達時已過中午正餐時間，店內依舊滿滿人潮，不只是觀光客，也有當地的客人前來用餐。

店內裝潢是原木溫暖色系的家庭式設計，櫃檯旁的小魚箱裡放有新鮮的海葡萄，用餐空間多為四人小方桌，也提供兩間團體的和式房。伴隨著菜單會先附上一杯半滿冰塊的麥茶讓人消暑解渴，店內提供中英日文菜單，餐點有奶油燒魚套餐、海膽焗烤龍蝦套餐、梭子蟹味噌湯套餐、海鮮鍋、生魚片、炸牡蠣、炸蝦、天婦羅、牛排料理等等，價格大約九百～四千日幣不等，另外也提供六百日幣的兒童餐。

參考了一下周邊用餐客人的餐桌，每桌桌上都有香煎奶油燒魚料理，其受歡迎的熱門程度可見一斑，香煎奶油燒魚料理的價位會因為每天進貨的魚種而浮動，價格在一千五百～二千日幣左右，鮮魚先在料理檯煎過後，就著熱鐵盤推到桌邊，服務的阿姨會在你眼前再淋上熱黃油，一旁劈哩啪啦的油炸聲跟黃油、蒜蓉的香氣雲時散發出來，真是讓在一旁看的人口水流不停。只要看到推出鐵板煎魚的時候，我們都還是會抬頭張望一下，超級期待這一盤就是自己的魚。

香煎奶油燒魚因為每日魚種不一定相同，可能這次跟下回再訪的魚會不一樣，但店家提供的魚真的很新鮮，魚皮煎得酥脆，肉質緊實、不多刺，魚肉鮮甜又好入口，非常推薦給愛吃魚的大小朋友。

至於海膽焗烤龍蝦套餐，我們選擇點半隻龍蝦嘗試看看，鋪在龍蝦上黃澄澄的海膽，令人眼睛為之一亮，但龍蝦肉質吃起來卻稍有失落感，兩道料理相較之下，還是香煎奶油燒魚出色許多。

套餐的小菜豐富，內容有生魚片、生菜沙拉、湯、甜點、醋海菜，不需要另外點生魚片也可以滿足一下口慾。可惜餐點出菜時間有點慢，建議大家在行程安排上要多預留一點時間在此用餐。

グルメ 迴轉壽司市場美浜店

美國村摩天輪旁超人氣的壽司店

📮 〒 904-0115 沖縄県中頭郡
　北谷町美浜 2-4-5

📞 098-926-3222
　可預約　　　　　　　官網

🕐 11:00～22:00
　全年無休

📍 33 526 459*37

👥 0 歲～成人　　　　　地圖

🅿 有

　　由於美國村商圈內大部分都是美式料理、居酒屋、咖啡廳，用餐時間想要找一間符合一家老小的餐廳，又能符合日本沖繩氣氛的平價日本料理餐廳，首選就是美國村超人氣的平價迴轉壽司店「グルメ迴轉壽司市場」（グルメ回転寿司市場）。這家店位於美國村摩天輪旁邊，位置顯眼，也有停車場，帶著一家老小在假日想要好好用餐，當然要趕在用餐時間前

先去領取號碼牌。

店內有分包廂座位與吧檯座位，在領取號碼牌登記的時候，即可以選擇要等待的座位，包廂座位很適合多人聚餐，吧檯座位翻桌率比較快，如果在用餐的尖峰時段，建議選擇吧檯座位才不會等太久。

點餐的方式可以用電腦板選取，也可以直接拿取旋轉盤上的食盤，每盤價位以盤子的顏色區分，新鮮的魚料、餐點的選擇多，除了握壽司、生魚片等常見料理，也有炸物、烏龍麵、拉麵、小菜、甜點、飲料，讓不吃生食的外婆也能夠毫無顧忌地用餐。

坐在轉盤旁的小芋圓看到喜歡的食材就動手拿，偶爾也想要吃點不一樣的，直接使用桌邊電腦點餐，餐點很快就會送到，不知不覺盤子已經疊得跟小山一樣了。

PLOUGHMAN'S LUNCH
BAKERY 農夫午餐麵包

手工烘焙創意料理，樸實又美味的享受

中城村
中部

〒 901-2316 沖繩縣中頭郡
北中城村安谷屋 927-2

098-979-9097 （可預約）

8:00～16:00
全天都可用早餐　　　　　官網
星期日公休

33 440 756*25

0歲～成人

有　　　　　　　　　　　地圖

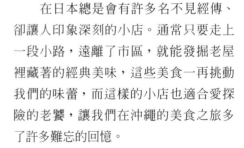

　　在日本總是會有許多名不見經傳、卻讓人印象深刻的小店。通常只要走上一段小路，遠離了市區，就能發掘老屋裡藏著的經典美味，這些美食一再挑動我們的味蕾，而這樣的小店也適合愛探險的老饕，讓我們在沖繩的美食之旅多了許多難忘的回憶。

「PLOUGHMAN'S LUNCH BAKERY農夫午餐麵包」位於沖繩的中部東方，這裡不算是荒郊野外，不過確實沒有什麼商家，有點像是陽明山半山腰的透天老民宅。不得不稱讚店主對於老宅的詮釋是如此精湛，不管是地板的小馬賽克，還是門口的玻璃門板、斑駁的木頭，還有攀爬在牆壁上的小藤蔓，都讓我們花了不少時間細細品嘗。

小朋友現在也許不懂，但是來這兒也稍微收斂了些，我跟她們倆說，這裡的東西都很古老，可是很脆弱的，進到房間要小聲、要小心，這年紀的粉圓跟芋圓也稍能溝通了，爸媽覺得很安慰啊。

「PLOUGHMAN'S LUNCH BAKERY農夫午餐麵包」，也就是農夫在工作時，當作午餐吃的麵包。不像在台灣吃的鬆軟餐包或是加了肉鬆夾了起士的麵包，而是一些外觀略微粗糙、吃起來很有嚼勁的手作麵包。

這裡的餐點低消是每個人一杯飲料（小朋友也要算），所以先選定飲料再說，麵包餐點可以大家一起分享。小朋友的飲料可以選擇牛奶，店裡有小杯的牛奶可以選擇。店內座位並不多，我們六個人被安排到了最大的包廂，相當的幸運。

餐牌的選擇都是以日文還有英文的翻譯為主，沒有圖片，我的點餐方式就是請店家推薦，看看有什麼是他們強力推薦的餐點。

▲ 剛烘焙好的麵包，放在麵包架上實在吸引人，忍不住點了兩個不同款式的麵包與家人分享。

▲ 酪梨抹醬的厚麵包，吃起來相當的清爽。

▲ 熱狗也是頗有好評，早餐能夠吃到這麼美味的一餐真是太棒了。

港川外人住宅

必逛〔oHacorte〕水果塔、ippe coppe 酵母麵包、OKINAWA CERRADO
COFFEE BeansStore

🏠〒 901-2134 沖繩県浦添市
　　港川 2 丁目沖商外人住宅街

📞各間商店不同　　　　　　官網

🕐各間商店不同

📍33 341 002*22

👥0 歲～成人

🅿有　　　　　　　　　　地圖

　　港川外人住宅原本是美軍駐守在沖繩的宿舍，自美軍撤退後，由文創設計者、麵包店、雜貨咖啡廳、美式簡餐店、

日式料理店家進駐，此區變身成一間間的創意小店，和沖繩市區的感覺很不一樣，仍保有一些異國風情。每間店的空間並不大，但都非常精緻可愛，像外國人的住宅區一般，不少店家擁有獨特的前後院，還有純白色外觀的小屋。在可愛的庭院駐留，抬頭即可仰望沖繩的藍天，飲一杯手沖咖啡，配上一口精緻美味的水果蛋糕，感覺就像是在充電一樣，瞬間又充滿了活力。

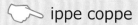
ippe coppe

〒 901-2134 沖縄県浦添市港川 2-16-1

098-877-6189（預約時間 10:30 ～ 18:30）

12:30 ～ 18:30（賣完為止）
星期二、星期三、第三個星期一公休

33 341 033*51

1.5 歲～成人

P 無

官網

☑付費停車場　☑禁煙
☑可預約　☑可外帶

　　由於港川外人住宅共有六十二間店家，若是認真要逛，花上一個下午的時間也不是不可能，建議要去之前先上官網查詢一下地圖，走走幾間較有特色的小店。每一間店的門口就跟雜誌場景一樣超好拍，不少遊客就是專程來此拍照取景。

　　其中，〔oHacorte〕水果塔、ippe coppe 酵母麵包、沖繩セラードコーヒー都是不錯的特色美食店，愛吃甜點的文青女孩千萬不要錯過了。

　　現場與官網都有相對應的位置圖，這三家店的編號各為18號的〔oHacorte〕水果塔、26號 ippe coppe 酵母麵包、27號沖繩セラードコーヒー。

「ippe coppe」是港川外人住宅的人氣麵包店，當天尚未營業就已經有好幾人在門口等待。ippe-coppe 的麵包全部都是用天然酵母手作，麵包看起來並不華麗，專賣法式麵包，還有司康跟貝果，扎實的麵包還有香氣擄獲了不少人的心，通常開店不到一小時就銷售一空，我們才去隔壁買一杯咖啡回來，就已經排了長長的人龍。

　　店內的空間並不大，必須要脫鞋才能入內，一次只能容納六到七個客人，大家都小心翼翼且有禮貌地排隊買東西，型男老闆也非常有人氣，不少人要求與老闆合照呢！

沖縄セラードコーヒー

〒 901-2134 沖縄県浦添市港川 2-15-6 NO.28

☎ 098-875-0123

🕐 12:00 ～ 18:30 （最後點餐 18:00）
國定假日公休

📍 33 341 063*52

👥 1.5 歲～成人

🅿 無

☑付費停車場　☑禁煙
☑可預約　☑可外帶

官網

　　白綠色的建築外觀和大嘴鳥招牌的「OKINAWA CERRADO COFFEE BeansStore」（沖縄セラードコーヒー），是間手工烘焙咖啡店，在店門口就可以聞到咖啡香氣，這邊只做外帶咖啡，一旁有等待區座椅可以稍作休息。

　　這裡販售咖啡豆與手沖咖啡，客人可以挑選現場展示的咖啡豆。日本的咖啡師都很有質感，從穿著到器具，還有沖泡咖啡的身段都很迷人，每種咖啡的沖泡方式都不盡相同，好像在看表演一般，就連不喝咖啡的我都看得入迷。

　　我忍不住叫龔少點了一杯冰咖啡，咖啡師從冰箱拿出大冰塊，剛沖好的咖啡就直接倒在冰塊杯中，大冰塊遇上熱情的咖啡，發出美妙清脆的撞擊聲，咖啡的個性很鮮明，帶了豐富的果酸味，真的很有沖繩咖啡的特質。

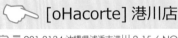

[oHacorte] 港川店

〒 901-2134 沖縄県浦添市港川 2-15-6 NO.28

098-875-0123

12:00 ～ 18:30（最後點餐 18:00）
國定假日公休

33 341 063*52

1.5 歲～成人

無

☑免費停車場　☑禁煙
☑可外帶　　　　　　　官網

沖繩超好吃的水果塔專門店〔oHacorte〕共有五間分店，其中位於港川浦添外人區的港川店最受歡迎，也是熱門的打卡點。港川店是集合了雜貨風格的一間甜點店，內部的販售空間裡有各式的舊器皿、花器跟手工的小飾品，空氣中還隱約聞到乾燥花草的香氣。

精巧可愛的水果塔是女孩兒的最愛，還不定期推出季節限定的水果塔甜點，水果看起來繽紛又誘人，店內也可以點紅茶跟咖啡搭配蛋糕。

由於店內座位不多，如果天氣好的話，建議可以坐在庭院中的戶外座位。口中細細品嘗甜點蛋糕，加上沖繩獨有的溫暖的陽光照耀，這才是海島的午茶時光。

暖暮拉麵牧志店

九州拉麵票選第一，國際通超人氣店

<table>
<tr><td>🏠</td><td>〒 900-0013 沖繩縣那霸市
牧志 2-16-10</td></tr>
<tr><td>📞</td><td>098-863-8331</td></tr>
<tr><td>🕐</td><td>11:00 ～翌日 2:00
全年無休</td></tr>
<tr><td>📍</td><td>33 157 621*52</td></tr>
<tr><td>👥</td><td>0 歲～成人</td></tr>
<tr><td>P</td><td>無</td></tr>
<tr><td></td><td>☑付費停車場　☑禁煙</td></tr>
</table>

官網

地圖

獲選九州拉麵票選第一名的暖暮拉麵，來到沖繩也是人氣居高不下的拉麵店，雖然是九州拉麵，但網路上一搜尋「暖暮拉麵」，熱搜排行幾乎都是沖繩暖暮拉麵的文章，說暖暮拉麵牧志店是沖繩最紅的拉麵店也不為過，每個時段都可以看到排滿人潮，即使過了用餐時間，可能還需要等一段時間才能用餐。

我們看了好幾天都是大排長龍，不免俗地勾起了台灣人的氣魄，下午三、四點也去排隊，這時的隊伍大概還需要等半個小時以上。旁邊的店家也貼出標語，請大家不要在排隊時坐在他們的店門口，可見暖暮拉麵生意很好，但客人的行為也影響到了周邊店家。

牧志店內座位不多，大約只有十來個吧檯座位，店員會在排隊的時候就詢問用餐人數，再安排入場用餐，排隊的時候可以先參考店門口圖文並茂的菜單，也可告知店員調整麵條軟硬度。暖暮拉麵與一蘭拉麵同樣出自九州，湯頭有些相似，但我們覺得暖暮拉麵的滋味更勝一籌。

肥瘦適中的叉燒，三層肉肥的部分非常軟，但下面瘦肉的部分是有咬勁的，

龔少第一口咬下去的時候還有點驚訝，配上濃厚不死鹹的豚骨湯頭，讓人一口接一口地把湯都喝光光，而麵條的口感是細麵偏硬，加一點辣醬，湯麵的層次又更豐富。

一口餃子皮薄，底部煎得脆脆的，小小一顆一口吃剛剛好。

口耳相傳的好吃拉麵真的名不虛傳，我看了好幾天，連吃消夜都要排隊啊！

琉球新麵通堂小祿本店

男人麵女人麵，超濃厚湯頭擄獲男人女人的心

〒 901-0155 沖縄県那霸市
金城 5-4-6

📞 098-857-5577

🕐 11:00～翌日 1:00
全年無休

📍 33 095 245*81

👪 0 歲～成人

🅿 有（免費，店舖下 6 台）

☑免費停車場　☑禁煙
☑可預約

官網

地圖

　　通堂拉麵是沖繩超人氣的拉麵店之一，不少雜誌跟部落客都有介紹這間拉麵店，在沖繩已有幾間分店，但小祿本店就位於單軌「小祿」站旁，附近有 AEON 超市可逛，不論是交通或是生活機能都非常便利，經由旅遊節目的報導，讓通堂拉麵小祿本店的人氣居高不下。

　　店內最有人氣的商品就是男人麵、女人麵，其意並非只是分性別的麵，而是店家細心地將較濃郁的豚骨湯頭稱為男人麵，較清爽的雞白湯頭稱為女人麵。

　　濃厚豚骨湯頭的男人麵飄著碎碎的油花，男生大多喜歡重口味，所以肉片的分量也不少，淡淡的鹹香味讓人齒頰留香，麵是細麵的拉麵，分量非常多。

　　女人麵則是淡淡雞白湯頭，湯頭口味較清爽，相較於濃厚豚骨湯頭，雞白湯頭特別受女性歡迎。

　　另外，廣受大家推舉的是無限取用的小菜——醃豆芽菜、醃蘿蔔片、醃蒜頭。豆芽菜醃了辣辣的五味粉，有點鹹辣香氣，讓人一口接一口，不敢吃辣的人可以吃他們的醃蘿蔔，醃得剛剛好，沒有生味又吃得出蘿蔔的爽口。醃蒜頭一旁有壓泥器可以使用，讓蒜泥加入湯裡增添風味，現場也有人直接就把它當小菜吃。一旁放置整壺的冰茶可自行取用，非常好喝又清涼解渴。

　　飽足後不妨可以前往對面的 AEON 超市逛逛，AEON 小祿店內的商品眾多，絕對滿足全家人的需求，超人氣的日清炸雞粉在這邊也可以買到喔！

Antoshimo 炸麵包那霸本店

從沖繩紅到東京、香港的炸麵包

🏣 〒 900-0015 沖繩縣那霸市久茂地 1-5-1

📞 098-861-2087

🕐 10:00 ～ 21:00
　第二、第四個星期二到 19:00
　星期三公休

📍 33 156 165*46　　　　　　　官網

👪 0 歲～成人

🅿 有（免費，3～4 台）

☑免費停車場　☑禁煙
☑可外帶　　　　　　　　地圖

　我在健身房跑步時，看到日本電視節目正在介紹沖繩「あげパン工房」Antoshimo 炸麵包，Antoshimo 炸麵包裡面包著紅豆麻糬餡，超熱愛麻糬的我根本不能抗拒這個從沖繩紅到東京、香港的あげパン工房アントシモ 。

　　節目介紹說當初開店時只是一間非常小的店，麵包也只有兩種口味 A パン和 C パン，由於日本本島跟沖繩的節目播出時間相差一個月，當時節目在東京播出時老闆並不知道，有一天正當老闆跟往常一樣悠閒地騎車上班時，突然接到店員打電話求救說店外好多人在排隊，不知道該怎麼辦？

　　原來是日本本島已經播出，而從本島來沖繩旅遊的外地客人開始排隊購買了，好不容易解除了這一次的排隊風波，沒想

▲ 外表有白色顆粒的是Ａパン（紅豆），粉紅色顆粒的Ｂパン（紫薯）。

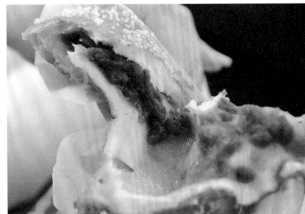

▲ 這個麻糬一整個超犯規的，若是認真拉，可以從駕駛座拉到副駕喔。

到一個月後節目在沖繩播出，又造成本地人排隊風潮。當時只有兩位師傅會做Ａパン和Ｃパン，每天的銷售量有限，經過這兩次的排隊風波後，あげパン工房開始思考要如何量產Ａパン和Ｃパン並且維持品質，到現在沖繩兩間分店，海外有香港分店，麵包口味也從Ａパン和Ｃパン，到現在共有六種口味。在節目中老闆也有說他的目標是發明二十六個字母喔！

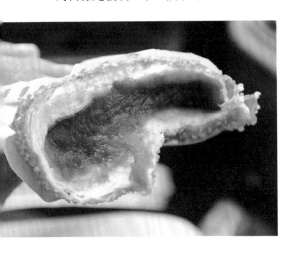

あげパン工房アントシモ那霸本店其實已經不是當初開業的地方了，為了供應需求，老闆又找了一間大店面。

大門口清楚地標示六種口味的炸麵包，我們的目標是Ａパン（紅豆＋麻糬）和Ｂパン（紫薯＋麻糬），我本來以為甚少會點Ｃパン（沖繩豬肉咖哩），畢竟當初是以Ａパン和Ｃパン起家的，Ａパン和Ｃパン算是經典必吃的口味，不過Ｂパン（紫薯＋麻糬）也是沖繩當地的特產，Ｇパン則是黑芝麻和麻糬。

Antoshimo炸麵包表皮酥脆，畢竟是炸麵包，外觀稍有油膩感，但雙圓看到油油亮亮的麵包上面還撒上彩色豆，眼睛都亮起來了。

Ａパン的紅豆跟麻糬比例抓得很好，這樣搭配甜膩度還不錯。Ｂパン紫薯做的餡甜而不膩，雖然沒有太多明顯香氣，但是口感吃起來極為豐富，白粉色的點點游離在齒頰之間，相當的趣味與脆口。

雪花之鄉

那霸市 南部

國際通必吃夏日冰品，爆漿珍珠超好吃

✉ 〒 900-0013 沖繩縣那霸市牧志 2-12-24-101

📞 098-866-4300

🕐 11:00～19:00
　　星期三公休

📍 33 157 629*31

👥 0 歲～成人

🅿 無（附近有一個付費停車場）

☑ 付費停車場　☑ 禁煙
☑ 可預約　☑ 可外帶　　　　地圖

　　在沖繩的夏天就是要吃消暑的冰品，「雪花之鄉」（雪花の鄉）可是當地日本人推薦的台灣雪花冰。在台灣隨處可見的甜點冰品「雪花冰」，在雪花之鄉又有一番演繹與想法，所以在日本吃台灣的雪花冰，對我們正港的台灣人來說，口中吃起來別有一番趣味，雪花之鄉也用了不同的方式來詮釋，口味大多採用當季、當地的水果特產，像是日本大豆粉黑糖口味，還有會爆漿的芒果醬汁粉圓，都是吃了會眼睛為之一亮的驚喜口味。

　　雪花之鄉位於國際通巷弄內，對於我們這些逛街逛到手軟、走路走到腿軟的

▲ 雪花冰除了有超濃厚的芒果醬汁，還有神奇的爆漿珍珠。

▲ 沖繩特有的大豆粉黑糖冰

美食的各式小點、冰品，還有咖啡、台灣茶飲。雪花冰的價格約五百日幣左右，有十五種口味可以選，我們選的芒果粉圓，就是菜單中比較特別的一個選項。

雪花冰吃起來雖然跟台灣差不多，但是雪花之鄉果醬的用料濃厚，鼻腔也聞得到滿滿的芒果味，讓人心滿意足，再試試會爆漿的粉圓，有如鮭魚子般的Q彈，口感多層次，不得不佩服日本人的創意。

人來說，是再方便不過的。從靠近牧志站不遠的巷子走進去，不太像是大家印象中的國際通，這裡的住家居多，來的也都是附近的當地饕客，來這兒喝杯咖啡、吃個冰品小點，就是生活的日常。

這家店不只是想像中的冰店，更是有著大大落地窗的咖啡廳，這裡賣的是台灣

我點的是沖繩特有的黑糖大豆粉冰，沖繩的黑糖漿不甜膩，但似乎沒有芒果雪花冰那般讓人印象深刻。店內的人少，窗外也沒有大街的擁擠，相對於大街上熱門排隊的冰品，悠閒才是我們最想要的氛圍，在這裡不自覺的，我們就坐了半個多小時的時間。

目利きの銀次新都心店

漁港直送平價日式居酒屋海鮮料理

🏠 〒 900-0005 沖縄県那霸市
　　 天久 1-9-19

📞 098-863-3442

🕐 18:00 ～翌日 2:00
　　（最後點餐 0:30）

📍 33 218 131*55　　　　　官網

👪 0 歲～成人

🅿 有（免費）

☑免費停車場　☑吸煙
☑可預約　☑酒水單　　　　地圖

　　氣勢非凡的「目利きの銀次」是在
沖縄有名的平價日本居酒屋，也是日本
連鎖居酒屋品牌「株式会社モンテローザ」旗下的一間居酒屋，其品牌眾多，
較廣為人知的有居楽屋「白木屋」、のみくい処「魚民」、居楽屋「笑笑」、「山
内農場」等等。而主打漁港直送的目利きの銀次在日本國內和海外各有分店，
沖縄本島也有三～四間分店，各大雜誌、

部落客推薦的則是目利きの銀次新都心本店，這間是目利きの銀次總店，其裝潢最具特色，外觀讓人一眼難忘的大木桶造型，店內也一致採用全木質裝潢，搭配非常有溫度的黃色燈光，站在一樓抬頭仰望室內空間，大大小小不同尺寸的木桶懸掛在上方，營造出華麗且熱鬧的居酒屋氣氛。漁港直送的新鮮食材、平價好吃的料理、極具特色的室內裝潢，讓目利きの銀次就在大家口中傳開來，不只是遊客，連當地人都很喜歡選擇在目利きの銀次聚會小酌一番，此時我們也是避開了傍晚的用餐人潮，在消夜場來報到。

　　一樓座位並不多，包含吧檯區只有少數幾個位置，坐在吧檯前還可以看師傅料理表演，餐點製作後師傅會以爐端燒的方式用船槳傳遞食物，真的很有趣。

　　爐端燒（炉端焼き）的歷史悠久，據說仙台市的漁民在上岸後就會圍著火爐將漁獲烤熟品嘗，當時就是隨手拿起船槳傳遞食物給夥伴。演變至今爐端燒已是北海道釧路市的特色餐廳，目前在釧路市有不少日式餐廳都精於爐端燒料理。正統的爐端燒料理店在烤爐檯的周圍會擺滿海鮮、野菜等各種食材，師傅在烤爐檯後方專注於食材的料理，客人也可以直接就眼前的食材點菜，師傅會在出菜前喊出菜名，並且用木槳送上食物到客人面前。

　　二樓的用餐空間利用木桶造型隔出

一間間隔間，我們就是坐在二樓的某一個木桶區用餐，感覺自己好像是居酒屋料理的一部分，感覺上很新鮮。

我們兩個人一連吃了六道菜，小菜、六點小箱、炸章魚鬚、烤小杏鮑菇、烤魚、博多辛子明太子，這幾道菜不論是作工、分量或是新鮮度都沒得挑剔，非常推薦，這就是我們的豪華組合。

目利きの銀次目前還沒有中文菜單，不過菜單上的照片多，可以指著照片點菜，或是請店員推薦（おすすめ，發音同：歐舒舒咩）。

目利きの銀次提供的「お通し」都是非常受歡迎的小菜，我們這一次前往用餐就吃到爽口的涼拌海菜料理，好吃的程度真可以讓我再來一盤。

日本居酒屋文化——「お通し」、「座位費」

初次來到日本居酒屋的人，一定要稍微了解一下日本居酒屋文化，通常是「先點飲料再點餐」，服務生會先詢問喝的，然後才正式進入點菜介紹。在上餐之前，不論你是否有點酒品，每一位客人會有一盤「お通し」（類似餐前小菜），並且酌收三百～五百不等的日幣，有點像是服務費的感覺，基本上日本所有居酒屋都有這個制度，如果在日本居酒屋用餐結帳，看到帳單上有這費用也不要太過於驚訝喔！「座位費」則是居酒屋有表演時會加收的一筆費用。

泊港魚市場

挑戰大生蠔，黑鮪魚握壽司

〒 900-0001 沖繩縣那霸市
港町 1-1-18

☎ 098-868-1096

🕐 6:00 ～ 18:00
全年無休

官網

📍 33 216 115*34

👪 0 歲～成人

🅿 有（免費）

🍽 無用餐空間，有洗手間

地圖

在沖繩想要吃新鮮的海鮮美食，當然要去漁港找，距離那霸市區十分鐘距離的泊港魚市場（泊いゆまち），可以算是

那霸市區最近、最新鮮的海鮮市集，這次遇上了鮪魚季節，隨處都可以看到新鮮鮪魚的蹤影，假日更是人潮絡繹不絕。

泊港魚市場並不大，市場內只有十六間店面，市場裡大部分賣的都是新鮮魚貨，正餐的餐廳只有一間，不過店家賣的魚貨很新鮮，每間的魚貨都不太相同。泊港魚市場裡面除了販賣新鮮的魚貨外，也有現場料理的新鮮海鮮，想吃的海膽、龍蝦、起士大干貝、大生蠔，還有最對季節的鮪魚腹肉握壽司、壺章魚、生魚片，可以說是應有盡有。

☞ 三高水産

推薦：烤大蝦、扇貝

超大的烤蝦兩百日幣，還有滿滿的蟹肉棒、
鰻魚燒，在台灣根本吃不到這麼便宜又新
鮮的海鮮燒烤。

☞ 茂水産

推薦：鮪魚腹肉握壽司、生魚片

專賣鮪魚商品為主的魚產店，鮪魚腹肉的
握壽司油脂多，吃起來一點都不像是在吃
魚肉，油香油香的相當軟嫩。

☞ 丼すしまぐろ屋本舗

推薦：生魚片丼飯

整個泊港魚市場，就只有這家是可以坐下吃飯的餐廳，專門賣生魚片丼飯，丼飯的價格不貴。

坂下水産株式会社

推薦：大生蠔、烤龍蝦、烤扇貝

坂下水産的生蠔沒有任何的腥味，調味檸檬汁跟薄醬油就很好吃，放在嘴裡有淡淡的海水香氣。生蠔之外，也有賣海膽、烤龍蝦，還有大扇貝。加了起士的干貝濃郁又鮮嫩多汁，龍蝦的個頭不小，喜歡吃龍蝦的朋友可以嘗試看看。

▲ 生蠔一顆只要300日幣，不管大小都是一樣的價格。

かねい沖縄

推薦：燒烤壺章魚

好吃又便宜的燒烤壺章魚，生意一直很不錯呢！

媽媽最愛必逛必買

日本嬰幼用品、藥妝採購指南

▲ 幼兒副食品料理包清楚標示使用年齡，口味選擇多。7 個月以上寶寶吃的米餅，有好多可愛的造型。在藥妝店也能找到吸鼻器、餵藥果凍、幼兒退熱貼。

▲ 便利商店可購買小包裝的尿布

　　出國旅遊最擔心的就是嬰幼兒的飲食問題，其實在日本的藥妝店或是超市、唐吉訶德，七個月以上幼兒的米餅及副食品都可以在這邊找到。還有超市專賣白米飯，也能夠使用自己帶的保溫瓶料理成寶寶粥呢！

小布少爺の ★ 藥妝購物清單

大木製藥兒童綜合維他命軟糖（草莓口味）

孩子很喜歡的脆皮維他命軟糖，單盒小包裝裡面還有贈送三張貼紙。
★購入地點：藥妝店、唐吉訶德

新裱飛鳴S細粒

新裱飛鳴在日本售價比台灣便宜許多，而且幼兒使用的「細粒」只有在日本才能買到的喔！
★購入地點：藥妝店、唐吉訶德

餵藥果凍

把藥粉加入果凍內，減少孩子服藥抗拒的心理。
★購入地點：藥妝店

トラフル ダイレクト 口內炎貼布

貼於口內患部，舒緩疼痛，貼了之後可以正常飲食，最後藥片會融化在嘴裡不需要取出。
★購入地點：藥妝店、唐吉訶德

LION牙膏

平價又好用的牙膏，有兩種口味（藍、橘），我們家人一致推薦藍色的用起來比較清爽舒適，我們買過最便宜的一條大約六十台幣左右。
★購入地點：藥妝店、唐吉訶德

Nepia超柔感紙巾

超細緻柔軟的紙巾，感冒流鼻涕時減少使用紙巾而紅鼻子的情況。
★購入地點：藥妝店、便利商店

止癢藥水

此款為超涼款,不適合給孩子使用。在台灣被小黑蚊叮咬後,擦在患部可舒緩腫脹的灼熱感。
★購入地點:樂妝店、唐吉訶德

液體絆創膏

雖然抹上的瞬間很刺痛,但洗碗洗澡也不用怕傷口沾到水,對於必須要做家事的媽媽來說非常方便。
★購入地點:藥妝店

BAND-AID人工貼皮

服貼度很棒的人工貼皮,造型很多,可用於各種部位,推薦購買最大塊的自己裁切使用,還有後腳跟專用貼布也非常實用喔!
★購入地點:藥妝店

蘇菲導管衛生棉

比在台灣買便宜許多,是很多女生每次掃貨的商品。體積較大,免稅品無法拆包裝放在行李箱內,記得要考慮一下行李空間再購買。
★購入地點:藥妝店、唐吉訶德

天然樹液足貼

對於久站久走、腿部水腫的人來說有舒緩作用,隔天起床會覺得雙腿輕鬆許多。
★購入地點:藥妝店、唐吉訶德

雪印每日骨太

大人補鈣的機能食品,可加入早餐牛奶、優酪乳中食用,口感偏甜。
★購入地點:沖繩世豐商店

無添加人工淚液

一盒內有四小瓶裝的人工淚液，無刺激感，五毫升小
包裝很適合放在隨身化妝包內使用。
★購入地點：藥妝店、唐吉訶德

安耐曬防曬噴霧／防曬乳／BB霜

今年夏天安耐曬推出了很多夏天專用商品，像是防曬
噴霧、兒童與寶寶專用防曬乳、BB霜（共兩色）、
防水彩妝等等，因為日本售價比台灣便宜，是許多媽
媽非常喜愛購買的防曬用品。
★購入地點：藥妝店、唐吉訶德

佳麗寶酵素洗顏粉

單顆包裝的酵素洗顏粉可單獨使用，也可以混搭洗面
乳一起使用，今年更是與迪士尼合作，推出了可愛的
卡通圖案喔！因為方便攜帶，出門旅遊絕對會放幾顆
在盥洗包中，建議勿囤貨，因為台灣氣候潮濕，放久
了洗顏粉會結塊。
★購入地點：藥妝店、唐吉訶德

Utena玻尿酸極奢黃金凍凝面膜（3片／盒裝）

我很推薦的一款面膜，每一片都有滿滿的美容液，讓
你超奢侈地直接敷在臉上，因為美容液真的超多，別
忘記把包裝內剩餘的美容液擠出來保養手足肌膚，拆
開後要一次把精華液用完，免得滋生細菌喔！
★購入地點：藥妝店、唐吉訶德

碳酸革命ガスパニック

此為一次性使用的泥狀面膜，建議使用的週期為一週
一次。內包裝分為AB兩劑，附上容器及調理棒，簡
單就可在家享受貴婦級的碳酸敷面膜，是我必掃的保
養品喔！
★購入地點：藥妝店

美國村 America Village

沖繩第一的度假型購物區，巨大的摩天輪可眺望海景

🏠 〒 904-0115 沖繩縣中頭郡
　　北谷町美浜

📞 098-936-1234

📍 33 526 450*63

🅿 有　　　　　　　　官網

　　美國村（アメリカンヴィレッジ）位於沖繩的北谷町美濱，可以說是沖繩第一的度假型娛樂購物區，遠遠地望去就可以看到美國村的巨大摩天輪，也正式步入美國村的玄關門面，美國村占地八十五萬平方公尺，這裡有商業區、海灘、電影院、美式餐廳以及田徑場、運動場等大型公園的休閒設施，購物區內最大的商城還是以 AEON 為主的百貨商城，這裡有美食、藥妝、百元商店、服裝、雜貨等將近三百個店鋪，設計就像美國西岸的度假購物商城，分為好幾個區域，光是要走完一個區域就得花上不少時間。

　　摩天輪下有個大國藥妝跟百元商店，是許多人必逛的商店之一，不少家庭都在此購買滑雪板和藥妝。我們則是喜愛走入一旁濱海的商店市集，因為這裡有南國氣氛的瓦礫屋頂、顏色豐富的外牆，有許多個性小店非常值得一看。在陽光下的美國村走起來是很愜意的，不知不覺在這裡就花了半天的時間，當然也發現了不少的小店面賣著可愛的紀念品、平價衣帽。龔少發現這裡賣衣的風格，大多以牛仔休閒為主，還有二手的牛仔服飾，逛累了也可以在海濱喝杯咖啡，看看夕陽海景，因為接近傍晚，美國村斑斕璀璨的夜晚也才正要開始呢！

秒懂美國村美食逛街地圖

美國村範圍其實很大，有時候從這一區走到那一區都覺得好遠，我把比較常逛的地方分為 A、B、C 三區，周圍景點美食則為 D 區。每一區各有推薦的景點、商店、美食。可以參考一下地圖位置，對照下方的編號，這樣子來美國村就再也不會迷失方向了。

美國村必逛必吃必買推薦

Ⓐ Carnival Park Mihama

　　總共有三層樓，二樓有個大露台可以看到美國村的全景，這裡不用擔心停車的問題，因為美國村裡的停車是免費的。

Ⓐ1 美國村摩天輪

美國村夜晚的摩天輪特別絢麗，搭乘美國村摩天輪，由高空一覽美國村的景色。這一區推薦大家逛的商店有大國藥妝及百元商店，都是家庭主婦、婆婆媽媽超愛逛的店家。

Ⓐ2 大國藥妝

摩天輪旁的大國藥妝是最大間的，而且地點非常好找，因為地方大所以商品也很多，非常好逛。大國藥妝通常會在店家門口發折價券，如果有看到店門口站著大國藥妝的服務生，可以跟他拿 DM，上面就有折價券囉！

Ⓐ3 百元商店

百元商店就在大國藥妝的旁邊，大多以生活用品還有吃的為主，溜滑梯滑板這裡有販售，想要挖寶的朋友可以來看看。

Ⓐ4 A&W 漢堡餐廳

在沖繩的美式漢堡店，吃過的人都覺得很不錯，龔少很愛喝這家的可樂。

Ⓐ5 Seria 百元商店

Seria Color the days 的商品強項就是碗、碟、杯具還有生活用品，樣式多而且好看。

Ⓑ American Depot

　　美國村裡頭最有美國風格的店家，都在這條商店街上，American Depot 總共有三棟，鄰近大馬路上，連接著大摩天輪，也是夜晚時美國村最亮眼的地方，這裡的美食跟小吃不少，如果不知道要吃什麼的話，來路邊的露天咖啡坐著，享受一下氣氛也很不錯。

Ⓑ1 American Depot

🏣 〒 904-0115 沖繩県中頭郡北谷町美浜 9-12
　　（Depot A.B.C A 館 1 樓）
📞 098-926-0888
🕐 10:00 ～ 21:00，全年無休

以美國休閒服為主，販售男女生服裝、生活雜貨的大型專賣店，在這邊可以挖到不少寶喔！

官網

地圖

B2 おきなわ屋美浜店

🏠 〒 904-0115 沖繩縣中頭郡北谷町美浜 9-12
　　（Depot A.B.C A 館 1 樓）

📞 098-926-0888

🕐 10:00 ～ 21:00，全年無休

這間雜貨店就像是台灣的復古零食商店，位置也是在 American Depot 的路上。我每次來都會逛，這次帶小朋友來更是逛到欲罷不能，我都在外頭拍完一圈了，我的家人還在店裡面瞎拼，買了一堆糖果伴手禮帶回台灣，小朋友都好開心。

官網　　　　地圖

B3 Depot's Garden

🏠 〒 904-0115 沖繩縣中頭郡北谷町美浜 9-12
　　（Depot A.B.C C 館 1 樓）

📞 098-982-7790

🕐 平日 11:30 ～ 22:30（最後點餐 22:00）
　　星期五、星期六、國定假日前一天
　　11:30 ～ 23:30（最後點餐 23:00）

具有沖繩特色的義大利料理，每到用餐時間就滿是人潮。

官網　　　　地圖

B4 STEAK HOUSE 88 北谷店

🏠 〒 904-0115 沖繩縣中頭郡北谷町美浜
　　9-17（at's chatan 2 樓）

📞 098-923-0788

🕐 午餐 11:00 ～ 15:00，晚餐 17:00 ～ 22:00

傳說中沖繩必吃的鐵板牛排 STEAK HOUSE 88，美國村分店與那霸本店不同，這間分店是吃到飽的沙拉吧，店裡的濃濃美式風格還有包廂相當寬敞，很適合一家人在這裡聚餐。

官網　　　　地圖

B5 札幌藥妝北谷美國村店

🏠 〒 904-0115 沖繩縣中頭郡北谷町美浜 9-17
　　（at's chatan 1 樓）

📞 098-926-1885

🕐 10:00 ～ 23:00

札幌藥妝是北海道大型連鎖藥妝店，位置就在 STEAK HOUSE 88 樓下，札幌藥妝最特別的就是寬敞、明亮的購物空間，提供推車、中文說明，目前在沖繩只有在札幌藥妝才能夠買到日高金馬油唷！

官網　　　　地圖

C Depot Island

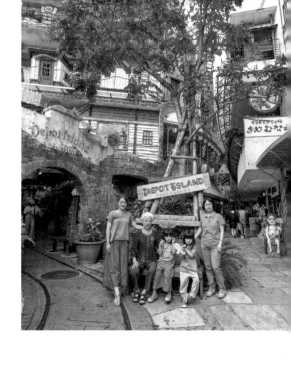

身為娛樂大村落，這塊 Depot Island 商圈從二○一○年就開始營業，也是我覺得最好逛、最有趣的地方。在 Depot Island 能想到的商店幾乎都有，便宜的服飾、鞋店、帽子店、骨董店、雜貨店、理髮店、餐廳、甜點店、藥妝、生活雜貨、遊樂場，逛到腿痠都逛不完。

這一區靠海，整排一、二樓都是簡餐、咖啡廳、酒吧，想要看海喝杯咖啡的朋友，不訪來這邊探訪一番。建議第一次來的朋友可以先從商店街再靠著沿岸的餐廳開始逛起，下午時分可以看夕陽之外，晚上更能欣賞到美國村燈火通明燦爛的那一面。

C1 波音咖啡廳 Seaside Cafe Hanon

📮 〒 904-0115 沖繩縣中頭郡
　　北谷町美浜 9-39
　　オークファッションビル
　　B-3 2 樓

官網

📞 098-989-0653（可預約）

🕐 11:00 ～ 19:00
　　週末及國定假日 9:00 ～ 19:00
　　星期一公休
　　（適逢國定假日時照常營業，隔天休息）

地圖

Seaside Cafe Hanon 位於 Depot Island 海岸邊的建築二樓，坐擁美國村無敵夕陽海景可以欣賞，微微的海風吹過，還有美味鬆軟的厚鬆餅可以享用，我們一家人下午的時間就留給了 Seaside Cafe Hanon，就連兩個小朋友都吃得好開心呢！

C2 豬肉蛋飯糰本店北谷美國村店

📮 〒 904-0115 沖縄県中頭郡北谷町美浜 9-21
📞 098-921-7328
🕐 7:00～20:00，全年無休

官網　　　　地圖

這間豬肉蛋飯糰本店在國際通上，是網路上頗負盛名的美食之一，不僅好吃還讓人念念不忘，除此之外美國村北谷店還出了自有的三款限定飯糰版本。

C3 THE CALIF KITCHEN

📮 〒 904-0115 沖縄県中頭郡北谷町美浜 9-21
　　デポアイランドシーサイドビル 3 樓
📞 098–926–1010
🕐 8:00～22:00

官網　　　　地圖

若是在美國村想要找一間咖啡廳坐下來靜靜看海，品嘗輕食早餐，THE CALIF KITCHEN 無疑是最佳選擇。早餐選擇不多，簡單的三種組合不需要讓人傷腦筋，加一百日幣就提供飲料，對於女孩子來說，分量剛剛好。最令我驚豔的，就是室內餐廳規畫了一區小小的兒童遊戲區，活動空間不大，提供了小椅子和電視，還有孩子們最愛的家家酒與樂高積木。

C4 Vongo & Anchor

🏠 〒 904-0115 沖縄県北谷町
美浜 9-21
ベッセルホテルカンパーナ
別館 1 樓

📞 098-988-5757

🕐 平日 09:00 ～ 22:00
假日 8:00 ～ 22:00
全年無休

官網

地圖

在美國村要找到好吃的早餐可真是一大挑戰，這一區也算是 Depot Island 的一部分，是美國村唯一的一區海邊咖啡廳，這次找了間不錯的海景咖啡廳來看海景、吃早餐，

原來靠海的這排餐廳幾乎一大早就開店了。我們吃的這間 Vongo & Anchor 算是裡面看起來較有特色的，而且餐廳裡頭的擺設跟裝潢充斥濃濃的工業風格，外頭的露台直接就面對著藍藍大海，早上的美國村靠著西邊，所以可以很舒服地在外頭享受海風的吹拂，在這兒吃早餐真是超享受的。我在店裡還不停地跟著小朋友拍穿搭，我們一家人根本賴著不想走啊！

C5 BLUE SEAL 冰淇淋 Depot Island 店

🏠 〒 904-0115 沖繩縣中頭郡北谷町美浜 9-1
Depot Island 大樓 D 棟 2 樓

📞 098-989-5133

🕐 星期一～星期四 10:00 ～ 22:00
星期五～星期日 10:00 ～ 23:00

官網

地圖

來自美國的冰淇淋品牌 BLUE SEAL 在沖繩發揚光大，幾乎三不五時就可以看到一間分店，是我推薦大家來沖繩必吃的冰淇淋，有沖繩紅芋口味，非常特別。BLUE SEAL 真的很好吃，吃一次就會愛上。如果沒有在國際通吃到，就來這裡吃吧，這家的冰淇淋真的很值得一吃喔！

C6 帽子屋 Flava

🏠 〒 904-0115 沖繩縣中頭郡
北谷町美浜 9-2
Depot Island 大樓 C 棟 1 樓

📞 098-926-6600

官網

🕐 星期日～星期四 11:00 ～ 22:00
星期五、六、假日 11:00 ～ 23:00
全年無休

地圖

日本最大的帽子連鎖店。

C7 天使之翼 IG 卡打點

〒 904-0115 沖繩縣
中頭郡北谷町美浜
9-21 3 樓

地圖

知名翅膀彩繪藝術家 Colette Miller 的作品，隱身於美國村三樓。美國村讓人感覺色彩繽紛，到哪裡都可以拍出美美的相片，但是這個在美國村的翅膀可以說是隱藏版，如果只是逛街很難會遇見它喔！

C8 JUMBO STEAK HAN'S 美浜店

〒 904-0115 沖繩縣中頭郡北谷町美浜 9-1
デボアイランドビル A 館 2 樓

📞 098-926-2888

🕐 11:00 ～ 22:30，全年無休

官網

地圖

美國村裡有三間平價牛排店，分別是 STEAK HOUSE BB、STEAK HOUSE 88、JUMBO STEAK HAN'S，這三間在沖繩都是相當有人氣的連鎖店，而且三家位於美國村的分店地點非常近，其中 JUMBO STEAK HAN'S 和 STEAK HOUSE BB 就在同一棟同層樓，左邊 JUMBO STEAK HAN'S，右邊是 STEAK HOUSE BB，可見牛排大戰相當的激烈！三間牛排館肉質都很不錯，差別在於套餐組合與醬料的口感。JUMBO STEAK HAN'S 我們是吃那霸的分店和本店，比較受男生喜歡。

C9 STEAK HOUSE BB 美國村店

STEAK HOUSE BB 主打檸檬、金桔牛排（詳細資訊請見 164 頁）。

Ⓓ 美國村周邊美食景點

　　除了美國村內的特色商店，周邊的美食也非常受到大家歡迎，在這邊不只好吃好逛，還有一個看夕陽非常棒的日落海灘呢！

D1 琉球的牛北谷店

📮 〒 904-0115 沖繩縣中頭郡北谷町美浜 51-1 2 樓
📞 098-989-3405
　　（可預約，一天限定 5 組，其他座位將優先安排來店客戶）
🕐 晚餐時段 17:00 ～ 23:30（最晚點餐至 23:00），全年無休

官網　　　　地圖

這間「琉球的牛」是有吃過的網友都說好吃的，龔少吃的是恩納店，不過有來美國村的朋友也可以來北谷店，想吃燒肉就來這裡吧，絕對不會失望的。

D2 WaGyu-Cafe KAPUKA

📮 〒 904-0115 沖繩縣中頭郡北谷町美浜 51-1
　　マカイリゾート 1 樓
📞 098-923-5010
🕐 9:00 ～ 22:00

官網　　　　地圖

森林系的風格，還有浪漫吊椅超好拍照，店門隔著幾步的距離就可以走到海邊，陽傘跟躺椅就放在店門前跟走道上，餐點以平價又豐富的早午餐為主，午晚餐也有比較高單價的牛排套餐可以選擇。

▲ 彩虹麵包套餐 880 日幣，彩虹麵包是 WaGyu-Cafe KAPUKA 的限量招牌餐點，看起來美，吃起來也鬆軟好吃，尤其是塗抹的水果甜奶油醬，真是超級好吃，很適合當作餐後的甜點，作為完美的結束。

◀ ブランチサラダボール（Brunch salad bowl）780 日幣，這份沙拉可真的讓我讚不絕口，除了沙拉之外還有湯、麵包、熱狗、飲料，那朵酪梨花實在太可口，完全適合正在執行清淡飲食的女生。

D3 The Junglila Cafe and Restaurant

🏠 〒 904-0115 沖繩縣中頭郡
　　北谷町美浜 54-1
　　マカイリゾート 1 樓

📞 098-936-2118，可預約

🕐 11:00 ～ 23:00， 全年無休

地圖

美國村的海岸靠西邊，日落時總會吸引許多人在這裡駐足賞落日，這時候挑選一間

有情調的海景咖啡廳是很重要的，這家店走的是隨性海邊風格，裡頭還有沙灘、棧道、帳蓬跟鞦韆，是 IG 打卡熱門咖啡廳，店內單純賣些飲料跟小點，並沒有提供正式餐點。

D4 グルメ 迴轉壽司市場美浜店

廣受華人喜歡的平價迴轉壽司（詳細資訊請見 192 頁）。

D5 AEON 北谷店

🏠 〒 904-0115 沖繩縣中頭郡北谷町
　　美浜 8-3

📞 098-982-7575

🕐 10:00 ～ 0:00

官網

地圖

美國村的 AEON 超市裡頭有賣生鮮食品、日用品等，我通常會在這裡買些炸雞粉、零食、調味料、水果等用品搬回台灣，想念的時候就可以煮一道道不錯的日本風味餐。

D6 日落海灘

🏠 〒 904-0115 沖繩縣中頭郡北谷町美浜 2

📞 098-936-8273

🕐 游泳時間
　　9:00 ～ 18:00（4/14 ～ 6/3）
　　9:00 ～ 19:00（7/1 ～ 8/15）
　　9:00 ～ 18:30（8/16 ～ 8/31）
　　9:00 ～ 18:00（9/1 ～ 9/30）
　　9:00 ～ 17:30（10/1 ～ 10/31）
　　9:00 ～ 17:00（11/1 ～ 11/30）

官網

地圖

日落沙灘有安全範圍的戲水區，也有救生員，一旁還有沖水淋浴區，也因為靠近美國村而大受歡迎。

D7 美濱之湯

🏣 〒 904-0115 沖縄県中頭郡北谷町美浜 2
📞 098-926-2611
🕐 8:00 ～ 23:00

位於海灘塔飯店旁邊的美濱之湯（Terme VILLA ちゅらーゆ），在戶外提供一處免費足湯，逛街逛累了可以來這邊享受一場天然溫泉足浴。

官網

地圖

D8 燒肉王北谷店

🏣 〒 904-0115 沖縄県中頭郡北谷町伊平 229-1
📞 098-982-7311
🕐 平日 17:00 ～ 00:00（最終入店 23:00）
　　假日 11:30 ～ 00:00（最終入店 23:00）

這間燒肉王對愛吃肉的朋友來說，真的是可以吃得很爽快，選擇也很多，是間會讓我們夫妻倆想要再訪的好吃的燒肉店。

官網

地圖

D9 はま壽司北谷伊平店

🏣 〒 904-0115 沖縄県中頭郡北谷町伊平 230
📞 098-982-7331
🕐 11:00 ～ 23:00（最後點餐 22：45）

號稱在日本擁有最多店鋪的店家，也是許多在地生活的人日常的最愛，用銅板的價格即可吃到新鮮又美味的壽司。

官網

地圖

D10 くら壽司沖繩北谷店

🏣 〒 904-0115 沖縄県中頭郡北谷町美浜 3-1-3
📞 098-989-0677
🕐 平日 11:00 ～ 00:00，假日 11:00 ～ 00:00

在台灣有多間分店的くら壽司相信大家都不陌生，盤數滿了之後可以投到回收箱抽扭蛋，是許多小朋友很喜歡的迴轉壽司餐廳。

官網

地圖

永旺夢樂城沖繩來客夢

沖繩最大購物商場

〒 901-2300 沖繩縣中頭郡北中城村アワセ土地
区画整理事業区域内 4 街区

📞 098-930-0425

🕐 永旺夢樂城專賣店街 10:00 ～ 22:00
美食街 10:00 ～ 22:00
餐廳街 10:00 ～ 23:00
永旺食品賣場 8:00 ～ 23:00
其他賣場 9:00 ～ 23:00
全年無休

官網

📍 33 530 231*88

👥 0 歲～成人

🅿 有（免費，4000 台）

地圖

「永旺夢樂城沖繩來客夢」（イオ
ンモール沖繩ライカム，AEON MALL

OKINAWA RYCOM）是沖繩最大的購物
商場，前身是美軍的高爾夫球場。共五
層樓的商業設施裡約有二百二十家專賣
店，包含七十多間異國日式美食餐廳、
三～四樓層約二千四百多席用餐座位，
用餐區規畫得很完善，有自助餐具及飲
水區、自取冰塊使用。

另有電影院、兒童遊戲區、水族箱、
休息區……等設施。每天都有舉辦特別
活動，美式流行音樂、街頭表演、琉球
／沖繩文化的音樂會及傳統表演，也提
供旅行資訊等服務。

購物商場內可以自由租借推車：小

車子和椅子款，較小的孩子適合椅子款的推車，大孩子則可以使用小車子推車，不過小車子推車並不是每一個出入口都有。四樓及五樓有親子空間，可讓孩子盡情享受遊樂設施，帶孩子逛街購物難免需顧慮到孩子的脾氣，此時可以來到此處讓大人稍作休息。

一樓穿堂空間有一座美麗海水族館的大水族箱，也是孩子們很喜歡的地方，大容量的水族箱內有難得一見的蘇眉魚和小鯊魚、熱帶魚，千萬不要錯過與蘇眉魚近距離接觸的機會。

此趟沖繩行雖然帶著孩子一起前往旅行，但大人們多多少少還是期待著逛街購物的行程，想來百貨商場看看有沒有新鮮的玩意。我們選擇在晚餐時間來到「永旺夢樂城沖繩來客夢」用餐，飯後就跟孩子們隨意逛逛，內部空間動線設計佳，而且地方也比較寬廣，不會人擠人，多處還有休息區跟大沙發座椅，對於年長的老人家來說也不會造成困擾，逛累了就先找位置坐下來歇歇腿。這裡

的商店單價大多以平價的日系商品為主，日本的商品本身品質就很不錯，價格便宜也大幅增加年輕族群的購買意願，若是在折扣季購買（一月跟七月），價格幾乎都是五折起跳，那時可真是會買到失心瘋。

這裡不只是年輕人愛逛，就連親子家庭也非常適合來此遊玩，好幾次看到朋友來沖繩遇見了颱風或是大雨的景點，都有來此的打卡紀錄。小朋友有專屬的推車，還有寬廣的地方可以走動，或是參加當天的手作活動，媽媽可以好好走走逛逛。建議可以在此停留約半天的時間，盡情地享受充滿南國風情的購物環境。

免稅購物指南

1. 店鋪貼有紅色的 TAX-FREE 表示：免稅手續請至一樓免稅櫃檯辦理。

2. 店鋪貼有綠色的 TAX-FREE 表示：免稅手續可在各商店內辦理。

SAN-A 浦添西海岸 PARCO CITY

二〇一九年六月開幕，沖繩最大購物中心

〒 901-2123 沖繩縣浦添市西洲 3-1-1
（期間限定免費接駁車：單軌車站歌町站
→ PARCO CITY →第二城間公車站。平日 20 ～
30 分間隔，星期六、星期日、假日以 10-20 分
的間隔運行。）

📞 098-871-1120

🕐 一般店鋪 10:00 ～ 22:00
SAN-A 超市 9:00 ～ 22:00
美食街 11:00 ～ 22:00

📍 33 339 276

👪 0 歲～成人

🅿 有（免費，4000 台）

官網

地圖

二〇一九年六月二十七日新開幕的
PARCO CITY，是一棟位於浦添市海岸邊
的複合式購物中心，由沖繩最大超市集
團 SAN-A 與日本潮流百貨 PARCO 聯手
經營。

　　PARCO CITY 地理位置相當好，距
離那霸市區約十五分鐘的車程，離那霸
港約十分鐘車程，在市區單軌也有免費
的接駁車，不論是自由行、搭郵輪，都
相當方便前往的一個購物商圈。

　　PARCO CITY 共有六層樓，一～三樓是商業設施，目前共有二百五十家商店進駐，目前為沖繩店鋪數量最多的賣場，其中有九十四間為初次進駐沖繩的店家，不少店鋪特別設計了沖繩限定的商品，只有在 PARCO CITY 才能購買到。

　　四～六樓則是室內停車場樓層，加上戶外平面停車場共可以容納約四千輛汽車。

　　我個人本來就喜歡逛新都心 SAN-A 百貨，PARCO CITY 就像是豪華放大版，一樓是彩妝品牌、特色伴手禮、食品生鮮為主，配櫃的感覺有點像是百貨公司，樓層規畫的動線很好，逛起來較為輕鬆。

　　二樓則是潮流男女服飾，還有媽媽最愛逛的阿卡將母嬰用品店。

　　三樓則為母嬰用品、生活雜貨為主，還有電影院、遊樂場，更有貼心的托兒中心與兒童室內遊戲場，是一個寄放爸爸和小孩的好地方。

　　這邊有許多日系品牌、生活雜貨，都是女生喜歡逛的，還有母嬰品牌比較多，我在日本本島上逛的那幾間店家幾乎都可以看到，若是沒有孩子們同行，我大概可以在這邊逛上一整天。

　　在吃的部分，PARCO CITY 餐飲選擇豐富，像是廣受大家喜愛的敘敘院燒肉、三浦三崎港迴轉壽司、一風堂、大阪王將、美山小火鍋、上島咖啡店、STARBUCKS 咖啡、nana、s green tea 等在日本本島知名的店家都有來展店，PARCO CITY 絕對滿足吃貨與購物狂。

那霸國際通、屋台村

逛完那霸最熱鬧的一條街，夜晚來感受屋台村歡樂的氛圍

📮 〒900-0015 沖繩縣那霸市牧志 3-11-16、17
📞 國際通 098-863-2755、屋台村 098-866-6163
🕐 11:00～翌日 2:00，每間店鋪營業時間不同
📍 33 158 452*28

國際通官網 　屋台村官網

　　國際通（國際通り）位於那霸市中心，是那霸最熱鬧的一條街，又稱為「奇蹟的一英里」。

　　當年美軍在此活動，後來沖繩人紛紛來此經商，演變至今，國際通已成為來自世界各國的旅人必訪的景點。

　　國際通全長 1.6 公里，餐廳、百貨、土產紀念品店、服裝店、藥妝品店林立，轉進小巷中則可探訪特色小店、海鮮市場及居酒屋。來到此地一定要逛逛那些具有特色的土特產店，島拖鞋、沖繩招福獅「シーサー」面膜和陶藝品、周邊商品，沖繩限定的餅乾、糖果等，都是相當受歡迎的紀念品，我們通常會在這

沖繩「鹽屋」可自己調味的雪鹽冰淇淋

裡預留一個晚上補充藥妝或是零食小吃、土產類的商品。

夜晚的國際通，不時可以聽到三線琴與歡笑的熱鬧氣氛，晚餐過後不妨走上一段路，感染一下度假的氣息，若是想吃甜點，可來品嘗沖繩「鹽屋」的雪鹽冰淇淋，隨心所欲地灑上自己喜歡的味道，細細品嘗獨特的、沁涼的鹹甜味，除了雪鹽冰淇淋外，雪鹽餅也是沖繩非常熱賣的土產商品，在沖繩國際通裡的土產店都可以買到。

許多旅客以國際通爲探索沖繩的出發點，這是因爲國際通位於那霸中心，只要搭乘單軌電車到「牧志」站或「縣廳前」站下車，交通方便、生活機能便利，不少人喜歡住宿在這一區，但附近的停車場在熱門時段收費並不便宜，建議若是自駕旅遊的遊客，選擇住宿在距離國際通步行約八分鐘左右的地區，或是單軌電車「安里」、「旭橋」站，再搭車前往國際通購物旅遊（計程車十分鐘左右的路程，車資約一千日幣）。

國際通的步行者天堂

國際通於每週日 12:00 ～ 18:00 舉行為時 6 小時的封街活動，這段期間禁止車輛通行（車輛入內需受管制），行人可漫步在街道上，盡情地感受充滿活力的國際通，屆時街道上也會有歌舞表演及街頭藝人，不妨趁這段時間來體驗一下不一樣的國際通吧！

▲ 國際通是沖繩藥妝激戰區，最受歡迎的有 24 小時大型百貨店唐吉訶德、大國藥妝、札幌藥妝。

▲ 封街的時候，只有管制車輛可以進出，行人可以隨意地在馬路上穿梭，盡情購物、欣賞街頭藝人表演。

▲ 步行者天堂也是孩子的樂園，不只是有表演，還有許多專屬於孩子們的遊戲區。

　　日語中的「屋台」（やたい）是帶棚攤子、小屋之意，有點像是台灣的推車攤販或小店面的路邊攤。

　　國際通屋台村共有二十家餐飲店，每間店的店面空間不大，有提供戶外座位，每間店各有不同的營業時間，大部分是從早上十一點營業到晚上十二點，包括中式、日式、美式、燒烤、串物、鐵板、居酒屋、甜點以及沖繩料理，其中使用當地料理製作的「県産食材創作バル HAMMOCK」營業到三點。

　　特別推薦大家在夜晚的時候，前來感受一下屋台村的氛圍，尤其是在逛完充滿南洋風格的國際通後，轉角走進燈火通明的屋台村，是截然不同的景象，這邊較多的是忙碌了一整天後與朋友小聚的上班族，充滿歡樂又放鬆的氣氛。由於每間店面都不大，外場座位也是緊靠一起，無形之間拉近了距離，默默地被歡樂的人們感染心情，要不是帶著孩子不方便來到居酒屋用餐，不然我們夫妻肯定坐下來一起小酌一杯了。

　　村內還設有表演舞台，表演時間前往的話，有機會可以看到沖繩本島、離島的傳統舞蹈表演及演奏，雙圓對於表演顯得非常有興趣，看得很入迷呢！

驚安殿堂唐吉訶德國際通店

沖繩最熱鬧的國際通街道上，二十四小時買不停

▲ 唐吉訶德國際通店24小時營業

📮 〒 900-0014 沖繩県那霸市
松尾 2-8-19

📞 098-951-2311

🕐 24 小時營業　　　　官網
全年無休

📍 33 157 382*43

👥 5 歲～成人

🅿 有　　　　　　　地圖

（有配合的停車場，非唐吉訶德專用）

▲ MEGA 唐吉訶德宜野灣店

　　唐吉訶德是日本大型連鎖的免稅購
物百貨，針對海外遊客提供全店免稅和
中文服務，販售商品內容包山包海，幾乎

▲ 藥妝品區無服務員，可盡情試用彩妝品。

▲ MEGA唐吉訶德有生鮮超市

▲ 日本購買電器用品，請注意電壓問題。

包含了所有食、衣、住、行，如果你想要跟三五好友在沖繩放煙火，這邊也有賣喔！

唐吉訶德在沖繩共有四家分店，其中以國際通店最受歡迎。國際通店二十四小時的營業時間讓購物人潮絡繹不絕，當一天的活動全部結束後，大家的行程就是逛驚安殿堂唐吉訶德（驚安の殿堂ドン・キホーテ国際通り店），結帳排隊的人潮讓我有種越夜購物慾越強的感覺。

在國際通店每一層樓都有結帳的櫃檯，如果想要跨樓層購買湊五千免稅，可在各樓層結帳後至四樓免稅櫃檯辦理退稅及包裝手續。有想要購買的目標的人，可以先看一下樓層指標，先把要買的東西看好，再去別的樓層逛，這樣才不會一進去就看得眼花撩亂，最後該買的沒有買到。

若是自駕開車的旅人，也可以到沖繩本島的其他三間唐吉訶德分店購物，唐吉訶德不但場地寬敞、備有停車場，還有販售生鮮、蔬果，提供各式各樣的推車，還有小朋友專屬的購物推車，讓爸媽可以輕鬆帶著孩子一起購物。

AEON 那霸店

下雨天備案就是逛超市！超市必買、自動結帳機使用教學

▲ AEON 那霸店

▼ 單軌電車「小祿」站

〒 901-0155 沖縄県那霸市
金城 5-10-2

📞 098-852-1515

🕐 10:00 ～ 0:00 　　　官網
全年無休

📍 33 095 153*73

👪 1.5 歲～成人

🅿 有（免費，1860 台）　地圖

來沖繩旅遊，不論是自由行或是跟團，千萬不要錯過位於單軌電車「小祿」站的 AEON 那霸店（イオン那霸店），從「小祿」站步行只需一分鐘。回到飯店也可以搭乘附近的單軌電車出來逛超市，下雨天也不愁沒地方去，因爲 AEON 那霸店不只是交通便利，更是一個小型百貨，包括超市、服裝、家電，還有沖繩限定商品伴手禮、日用品、藥妝、鞋包、小飾品、餐廳、小吃等。通堂拉麵、暖暮拉麵也在附近，建議大家可以花點時間在這邊逛逛，享受美食。

料理類的商品一般在大街上是買不到的，所以我每次來 AEON 超市都會失心瘋地購買，就怕回頭想要添購已經來不及了。若是住宿在配備小廚房的公寓，

▲ 住宿公寓型酒店可購買A5和牛回房料理

在超市買 A5 和牛還可以帶回公寓烹調、細細品嘗，便宜又實惠，有的人還會特地跑來買便當呢！

這間 AEON 有自動結帳機，建議來這裡的朋友也可以試試自己結帳的樂趣，相當有趣喔！

如何使用自動結帳機結帳

1. 如果沒有自行攜帶購物袋，在結帳機附近有賣購物袋，自己拿取一個購物袋後，至無人使用的自動結帳機前結帳。
2. 裝購買的商品的購物籃需放在右邊的架子上，這樣才能啟動機器。
3. 自備購物袋者，請將購物袋掛在左邊的掛鉤上（如果有購買購物袋，第一個商品請先刷購物袋結帳，再掛上掛鉤）。
4. 將右邊購物籃的商品一一刷過條碼後，放進左邊購物袋內（將商品上的條碼，對著掃條碼機刷，聽到「嗶」一聲，並且螢幕清單上有出現品項、價位，才算是刷到商品）。
5. 全部商品刷完後，按綠色按鈕結帳付款，可刷信用卡，也可以付現金，

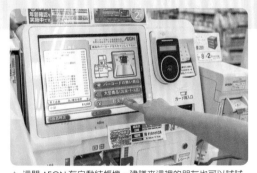

▲ 這間 AEON 有自動結帳機，建議來這裡的朋友也可以試試自己結帳的樂趣，相當有趣喔！

PS：有任何問題也可按此鈕呼叫服務人員（最後結帳時，兩邊要等重才能結帳，在結帳過程中，已經刷過的商品不能再從左邊拿起來，所以刷過後裝進購物袋，可以防止掉落）。

超市必買

便當用品

當媽媽後第一個先衝的一定是便當DIY用品區。雖然這類的商品在大創、百元商店都有，但是AEON的款式最多也最熱門，有廣受小朋友喜歡的妖怪手錶、船梨精、冰雪奇緣、無嘴貓、哆啦A夢等。造型海苔還有米飯調色粉，輕輕鬆鬆就可以做出專業級造型便當，絕對能夠讓小朋友一打開便當盒秒殺吃光光。

蒟蒻果凍

▼ 受到大小朋友喜愛的單包裝蒟蒻果凍

▲ 小朋友最愛的DIY手作點心盒，款式非常多，讓孩子自己動手製作小點心，保證玩一次就上癮！

炸物炸粉類

▲ 媽媽掃貨第一名的日清炸雞粉，在各大日本旅遊社團都被熱烈討論，首次嘗試的人可以買乾粉類的比較容易上手。

▲ 知名燒肉店及拉麵店的醬料是料理必買商品，除了當成沾醬，也可用來煮菜、醃製料理都好吃。

炸雞粉可搭配麵包粉做成類似炸豬排的口感

| 咖哩塊

◀ 日本的咖哩塊好吃又比台灣便宜，
這款有夾心的咖哩塊必買。
另外一款雙色咖哩塊也很不錯。

| 水果麥片

▼ 水果穀片有幾種不同的口味，
推薦原味水果穀片，裡面有果
乾，吃起來酸酸甜甜的。

| 海帶芽

沖繩限定的調味海帶▶
芽，非常受到歡迎，
晚上偷懶不想煮湯，
只要用一點點加入熱
開水，就是一碗美味
的海帶湯喔！

| 提鮮料理包

媽媽必備鰹魚料理包，▶
炒菜、煮湯加入一包提
鮮，超推薦！

| 沖繩限定日本酒

◀ 梅酒加入了沖繩的
泡盛與黑糖

| 低卡食品

◀ 低卡路里的微波料理湯包，容
量約一杯，好適合下午三點午
茶時間。

吐司醬與調味醬

▲ 必買軟膏式吐司醬，有各種口味可以選擇，只要抹上吐司烤一下就可以吃了。

▲ 因為日本的都市生活其實非常忙碌，因應需求有多種變化的快速醬料及料理包，而醬料與速食食品區也是我們必逛的商品區域。

米唐番

▲ 可放在米缸驅除米蟲，從此跟米蟲說掰掰～

雪鹽餅乾

▲ 雙圓很愛吃的雪鹽餅乾，在唐吉訶德購買最便宜。

牛奶糖

▲ 我每次必買森永加鹽牛奶糖，香濃的焦糖中帶點鹹味，非常好吃喔！

沖繩黑糖

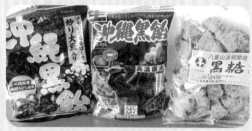

▲ 沖繩黑糖製品——喜歡吃黑糖的人，可以買黑糖塊加入飲品中。

沖繩限定辣醬

▲ 沖繩必買調味醬——泡盛辣醬、石垣島辣油。

Outlet Mall Ashibinaa

OTS 正對面、沖繩敗家的第一站，距離那霸機場最近的購物中心

〒 901-0225 沖繩縣豐見城市
豐崎 1-188

0120-151-427

10:00 ～ 20:00
全年無休

232 544 542*66

0 歲～成人

有（免費，1000 台）

官網

地圖

Outlet Mall Ashibinaa（沖繩アウトレットモール あしびなー）距離那霸機場很近，通常我都將 Outlet Mall Ashibinaa 做為來到沖繩敗家的第一站或是最後一站。

如果直接從那霸機場搭公車來的話，

也不必擔心行李寄放問題，Outlet 裡有大型行李寄放處。

這邊有媽媽最愛的 LC（Le Creuset）鍋，約可以買到五、六折的價位。還有 COACH、MARC JACOBS、BOSS、BALLY、GUCCI 等國際精品，和廣受爸媽歡迎的 GAP 可愛童裝，休閒運動品牌 adidas、ABC-MART、THE NORTH FACE、UNDER ARMOUR 等等，超過一百多家的人氣品牌，逛逛 Outlet 的同時也可以享受沖繩料理，二樓用餐區還有小朋友的遊戲區和可愛童裝品牌。

249

👉 **樂風沖繩麵 × 鄉土料理**

樂風專售沖繩拉麵與鄉土料理，是許多旅遊雜誌上推薦的沖繩麵。

沖繩拉麵跟我們在日本吃的拉麵不太一樣，麵條口感比較像是偏粗的台灣意麵，豬腳也像是南部的白豬腳。白豬腳套餐中的豬腳真的好好吃，有入口即化的感覺，味道淡雅，有著豬骨濃濃的香氣。而三層肉拉麵的肉質扎實且入味，湯頭也比較符合台灣人的口味。

兩個套餐都附有一碗雜炊飯，雙圓們一下子就把雜炊飯都吃光光，看來是很合胃口。

▲ 媽媽最愛的LC鍋

▲ 超好買的GAP童裝

Can Do 百元商店

日本三大連鎖百元商店分別是「Daiso 大創」、「Seria」、「Can Do」。

Can Do 是我在日本非常喜歡逛的一間百圓商店，主要以販售食品、廚房用品居多，帶孩子買零食都會去逛這間（老公帶孩子逛零食，我逛廚房用品區），也是日本的婆婆媽媽非常喜歡逛的百元商店，從吃的到用的應有盡有。

Can Do 被我當成採買零食的第一站，讓孩子在這邊挑幾樣餅乾在車上吃。

飯後我就帶雙圓來這邊，小粉圓在貼紙區看得有點眼花撩亂，一度放棄零食，想要改買貼紙。無嘴貓系列商品整櫃陳列，我超害怕小粉圓什麼都想要買回家。小芋圓選了一包像旺仔小饅頭的零食，本來想說這也太不划算了吧？沒想到結帳時竟然說是五包一百日幣，小芋圓頓時眼睛放大、神情超開心的，兩個孩子都在 Can Do 帶著滿足的表情，收穫滿滿地離開。

Chapter 8 開車跳島遊

古宇利島

有戀島之稱的古宇利島，是有著沖繩版亞當與夏娃傳說的神話之島，連接著屋我地島，長約二公里的古宇利大橋是沖繩縣內連接離島、長度第二的大橋，自二〇〇五年二月通車以來，這邊就是沖繩數一數二的人氣景點。

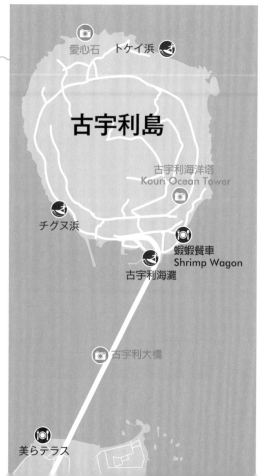

古宇利島

愛心石　トケイ浜

古宇利海洋塔
Kouri Ocean Tower

チグヌ浜

蝦蝦餐車
Shrimp Wagon

古宇利海灘

古宇利大橋

美らテラス

　　在屋我地島這一端的橋頭，意外發現的祕密景點「今帰仁ワルミ観光物産」，有許多當地特有的農產品可買，還有道地的沖繩料理，在此用餐可以遠望古利宇大橋與古利宇島。

　　美らテラス就在上橋前的半山坡旁，門口看起來挺有規模，但其實是個無料的景點，除了可以在草皮看風景之外，肚子餓了也可以在這裡稍作休息，享受美食跟陽光，看是要吃冰或是主餐都有，還有腳踏車可以租借，如果想要換個角度欣賞古宇利，來這兒是個不錯的方式喔！

 今帰仁ワルミ観光物産

〒 905-0411 縄県国頭郡今帰仁村字天底 1124 － 5

098-056-1223

 美らテラス

〒 905-1635 沖縄県名護市字済井出大堂 1311

098-052-8082

11:00 ～ 18:00
夏季期間 10:30 ～ 18:00，全年無休

485 601 801*54

P 有

古宇利海灘

今歸仁村
北部

無料美景，沙灘玩水去

〒 905-0406 沖繩縣今歸仁村古宇利 328-1

📞 098-056-2256

🕐 全日開放，全年無休

💲 免費入場

📍 485 662 864

👥 1.5 歲～成人

🅿 有（免費）

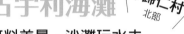

　　經過古宇利大橋時，大家一定會發現一處白色沙灘，這邊也是古宇利島的人氣景點，海水清澈見底，走在水裡還可以看到小魚優游其中。橫跨古宇利橋兩側的古宇利海灘（古宇利ビーチ），有許多水上活動可體驗，岸邊的水上摩托車活動及人潮，吸引許多人注目，我們帶著雙圓在沙灘旁的店家租借了兩個小泳圈，希望讓孩子在海邊玩得更盡興，兩個孩子看到海水眼睛都亮起來，小粉圓執著的眼神一直盯著海水緊緊不放呢！

　　這裡的珊瑚沙灘水淺，海浪相當平緩，淺灘上圍有安全範圍，非常適合親子一同前往，延伸的距離讓人意想不到，就像是天然的戲水池，不時還可以撿到珊瑚的碎片，看到寄居蟹，這對小朋友來說非常新奇，也感到開心滿足。來這兒的我們也順便進行機會教育，希望這些小石頭或是沙灘上的一切都能留下，下次來才能再見到牠們，充滿了生態的海灘，讓我們都驚訝連連，也回憶滿滿。

　　附近還有不少店家提供付費淋浴間、廁所等設備。

Blue Garden

古利宇沙灘旁有泳具租借服務，沖洗須上岸，岸邊停車場上方有古宇利島 Blue Garden 小市集，有蝦蝦餐車。

🕐 10:00 ～ 19:00

☑免費停車場　☑餐廳　☑沖洗

☑水上活動　☑賣店　☑烤肉

☑泳具租借

チグヌ浜

今歸仁村
北部

古宇利大橋旁的祕密景點

〒 905-0406 沖繩縣今歸仁村古宇利

全日開放，全年無休

免費入場

485 692 090*80　　　　地圖

7 歲～成人

P 有（古宇利ふれあい広場停車場走路 7 分鐘，免費）

位於北端的古宇利島是我每次來沖繩必定回訪的景點，當時只是為了想要找一個適當的角度看看古宇利大橋，於是來此尋找下堤防的入口，沒想到沿著礁石走過去，幾塊接連的礁石居然形成了一條小路，礁岩的路不是很好走，尖銳的礁石更是會割人，我們互相叮嚀著不要心急，一步一步慢慢走。這塊矗立於海中央的大岩石像極了航行在海中的船首，走到前頭更是有著三百六十度的無敵景觀。底端的礁石距離海面約有幾層樓高，一次只能上去

一個人，有居高臨下的感覺，仰望著藍天白雲，以及腳下的蔚藍大海，彷彿自身懸空在這片海域上。

チグヌ浜有個天然的岩洞，從岩洞看出去也是別有洞天，當天還有人在這裡玩著獨木舟，其中一艘還是透明的船體，チグヌ浜的海水透澈，若是沒看清楚還真以為它浮在半空中滑行，原來電影畫報裡的畫面是真的，只是我們從來沒有見過罷了。

チグヌ浜不只可以遠眺古宇利大橋，更是古宇利島美麗的傳說之地，傳說チグヌ浜是沖繩版亞當跟夏娃生活的地方，兩人在此地捕食魚貝類過日子，延續了沖繩人的後代。這個祕密景點其實就在古宇利大橋右轉的不遠處，但是因為是轉角車道，路小又速度快，很少人會有機會下車探看，建議大家停在古宇利海灘那邊的停車場，再步行至此地較為安全。

愛心石

超豐富潮間帶探險去

🏣 〒 905-0406 沖繩県国頭郡今帰仁村字古宇利
2593-2

📞 098-056-2256

🕐 全日開放，全年無休

💲 免費入場

📍 485 751 149*43

👪 1.5 歲～成人

🅿 有（300 日幣／一日）　　地圖

　　愛心石（ハートロック）位在古宇利島北部的「ティーヌ浜」，是個生態豐富的地方，與古宇利海灘正好處於島的兩端。日本偶像團體「嵐」在此拍攝宣傳廣告後，此地聲名大噪。由於古宇利島又有「神話之島」、「戀島」之稱，愛心石更是戀人們必訪勝地。

　　由停車場走約兩分鐘就可以到達下沙灘地的階梯，愛心石就靜靜地佇立海岸上，前來探訪愛心石的遊客絡繹不絕。兩個礁岩單獨看只有一顆感覺比較接近愛心的形狀，其實愛心石是需要將海上的兩個礁岩在某個視覺角度重疊後，才能看到一顆完整的愛心。

　　漲潮時是無法靠近愛心石的，幸運的我們遇到了退潮時間，礁石周遭的潮間帶已經完全露出來，海蝕平台又大又廣，潮間帶相當豐富，小魚、海葵、陽隧足和各式各樣的生物都被留在一個個

珊瑚與海膽

退潮時與孩子來潮間帶探險

小珊瑚礁洞穴裡，簡直就像是天然的海洋生命博物館，大家都在低頭尋找神祕的小海洋生物，洞窟有大有小，若是仔細看，可以看到許多披著礁岩迷彩的小動物深藏其中。雖然陽光炎熱，我卻在這裡找到了樂趣，蹲在一窟又一窟的水窪中，徒手汲水拯救那些快要被曬乾的海膽，玩得可開心了。

蝦蝦餐車 Shrimp Wagon

古宇利島超人氣蝦蝦餐車

☎ 〒 905-0406 沖繩縣国頭郡
今帰仁村古宇利 436-1

📞 098-056-1242

🕚 11:00 ～ 17:00
全年無休

📍 485 692 172*35

👥 3 歲～成人

🅿 有（免費）

☑免費停車場　☑可外帶　☑酒水單

官網

地圖

▲ 蝦蝦餐車裡蒜蓉雙味的蝦子個頭都不小，炸過的蝦子再拌炒
　重口味的蒜蓉醬，蝦子上的蒜蓉有著淡淡香氣並不會辛辣，
　蝦仁緊實的肉質，淋上一輪檸檬汁，酸酸的口感非常下飯，
　就連小朋友都可以吃。

　　古宇利島超人氣小餐車──蝦蝦餐車「Shrimp Wagon」（シュリンプワゴン），白色可愛的小餐車有著濃濃的海洋氣息，讓人忍不住想要與它合照一張，經過韓國人氣部落客的介紹後，Shrimp Wagon 成為古宇利 IG 的熱門打卡景點之一。好拍加上餐點好吃，讓 Shrimp Wagon 的人氣一直居高不下。

　　Shrimp Wagon 是一家專賣「夏威夷經典美食蒜香奶油蝦」的餐廳，以夏威夷常見的奶油蝦餐車經典菜色為發想，人氣商品就是他們獨創醬汁的沖繩版蒜香奶油蝦仁飯，除了原味之外，還有兩種口味可以選擇。

　　由於餐點現做需要一點時間，來到 Shrimp Wagon 先別急著拍照，一旁小桌子上有各國語言的菜單，先點餐拿到號碼牌後，再慢慢拍也不遲。

▲ 古宇利海洋塔就位於島的最高處，自駕通過古宇利橋時就可以看到山上有一幢白色的帆船型建築，不要懷疑，那就是古宇利海洋塔。

古宇利海洋塔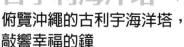

俯覽沖繩的古利宇海洋塔，敲響幸福的鐘

〒 905-0406 沖縄県国頭郡今帰仁村古宇利
538 番地

098-056-1616

9:00 ～ 18:00
（最終入園 17:30）
7 月中旬到 8 月下旬的夏季
時間可入園至 18:00
全年無休
颱風等惡劣天候會臨時休息

大人 800 日幣　　　　　　官網
國中、高中生 600 日幣
國小生 300 日幣

485 693 513*73

1.5 歲～成人　　　　　　地圖

有（140 台，第一、第二、第三停車場）

看過了古宇利島最長的跨海大橋，沉浸在透明海水藍的古宇利沙灘，吃了美味的蝦蝦餐車，走到了古宇利島的另一端，探訪愛心石體驗豐富的潮間生態，如果想要更了解古宇利島，不妨來古宇利海洋塔（Kouri Ocean Tower）走一趟吧！

帆船型的古宇利海洋塔坐落於島的最高處，這裡有古宇利島一百八十度的美麗景觀，可以在最高處的鐘樓上，與古宇利橋的藍天海景來張連人帶景的合照。塔裡有許多關於古宇利的資料與美麗貝殼的收藏館，就讓我們搭乘無人的自動車前往古宇利海洋塔吧！

▲ 購票後，排隊搭乘自動駕駛的無人車上去古宇利海洋塔。

▲ 古宇利海洋塔的貝殼收藏品驚人，多種類的貝殼從無到有的
　成長變化展示，真讓人讚歎大自然的奇妙。

▲ 來到頂樓敲響幸福的鐘，在這邊可以拍到古宇利大橋。

　　自動車來到山頂後，映入眼簾的是
古宇利海洋塔跟貝殼博物館，我們都很喜
歡這個貝殼博物館，裡面收藏各式各樣的
貝殼，號稱是收集了各國一千五百個種
類，共一萬顆以上的貝殼，有的貝殼就
像寶石般放在玻璃櫥櫃裡，散發著七彩光
芒，大大小小的貝殼令人目不暇給。

　　博物館的另一頭訴說著古宇利島的
歷史與傳說，也有提到チグヌ浜是傳說

中沖繩人的生命起源。

　　上了二樓跟三樓是有著無敵美景的
景觀窗與休息空間，喜歡拍照的朋友可以
上到最頂端，頂樓的鐘塔可以連人帶景
地輕易拍出古宇利一百八十度美景喔！

▲ 二～三樓的景觀休息區

トケイ浜

傳說會讓人幸福的和平貝殼沙灘

〒 905-0406 沖繩県国頭郡今帰仁村古宇利 2805

全日開放，全年無休

免費入場

485 752 134*21

1.5 歲～成人

有

沖澡、租借用品 地圖

　　トケイ浜兩邊的珊瑚礁岸剛好將沙灘圍成一個迷你海灣，這邊與愛心石同一個海域，退潮的時候潮間帶的生態也非常豐富，如果不想在人多的古宇利海灘戲水，這個祕密小景點也是個不錯的玩水地點，馬路旁是租借玩水器具的小商店，有沖澡的小浴室，還有個小小的木桌椅可以稍作休息。

　　トケイ浜因爲可撿拾到讓人感到幸福的「和平貝殼」（ピース貝）而廣爲人知，在沙灘上掀起一陣拾貝旋風，整個沙灘上都是貝殼與珊瑚礁石，珊瑚被磨得細細圓圓，還有長白頭髮的軟珊瑚。我們來訪的時候已經有另一個家庭在沙灘上尋貝，在這兒探險了一個多小時，翻遍了整個海灘的我們，最終累癱在礁石旁，依舊沒有可以讓人幸福 的「和平貝殼」的消息。

　　這個海岸線有個特別的自然景觀，就是萬桶狀的礁石，礁石上有一個大圓洞（又稱爲壺穴），可以透過圓洞看到海，是日本珍貴的文化財，島上人們認爲壺洞是女性的象徵，波浪是男性，所以トケイ浜也是夫妻求子的地方。

L LOTA

今歸仁村
北部

古宇利島海景咖啡廳，用最好的景色跟美食迎接假期

〒 905-0406 沖縄県国頭郡今帰仁村
古宇利 466-1

098-051-5031

午餐 11:00 ～ 14:00
下午茶 14:00 ～ 17:00
（最後點餐 16:00）
晚餐 19:00 ～ 22:00
（建議提前預訂）
全年無休，例假日請看網站公告

官網

485 692 292

1.5 歲～成人

地圖

P 有（10 台）

▲ 巧克力布郎尼 700 日幣，厚實又濃郁，擺盤的美感把食慾提升了好幾個層次。

　　L LOTA 灰黑色的平房、俐落的建築，帶了點時尚的金屬木製家具，讓經過的人都被吸引了目光。L LOTA 景觀咖啡廳就在古宇利島的半山腰上，背山面海擁有絕佳的景觀位置，大大的落地窗讓人有更深刻的感受，在這邊可以用最好的角度享受古宇利大橋與海岸線的景色，每個位置的安排就像是階梯式電影院一般，互相不打擾，可享有百分百的視覺上的美景饗宴。藍天白雲是渾然天成的古宇利美景最好的背景，每個人都

在這裡取景，試著拍下最美好的回憶。

　　L LOTA 以蔬食海鮮料理為主，也有販售酒類、軟性飲料、甜點與輕食，飲品的價格就跟一般的景觀咖啡廳差不多，約五百日幣，甜點因為是手工做的，所以價格比較高一些。

　　來古宇利不只可以玩沙灘享受陽光，更可以優雅地喝杯咖啡當貴婦，時間就是要浪費在美好的事物上，我們極力推薦 L LOTA 海景咖啡廳。

しらさ食堂

今歸仁村
北部

體驗滿滿海膽化在嘴裡的滋味

〒 905-0406 沖縄県国頭郡
今帰仁村古宇利 176

098-051-5252

7 ～ 9 月 11:00 ～ 20:00
10 ～ 6 月 11:00 ～ 18:00
全年無休　官網

485 692 126*65

1.5 歲～成人

無　地圖

　　古宇利島上除了好吃的蝦蝦飯之外，另外一間比較有人氣的餐廳就是しらさ食堂。しらさ食堂就開在港口旁，正前方毫無遮掩的大景就是古宇利大橋，本身是間民宿，不過自家販售的海膽蓋飯更加吸引人，不少小型旅遊團都會指定來這邊用餐，老闆娘忙碌地進出，連碗盤都還來不及收，下一組客人便已經到來。

　　食堂的座位有室內跟室外，我們就坐在外頭靠近港邊的位置，吹著海風很涼快。這裡靠近チグヌ浜，如果吃完了飯，可以順便來チグヌ浜走走逛逛，天氣好的時候這邊美到幾乎讓人忘了太陽的存在。

▲ 海膽丼定食 2500 日幣，海膽新鮮柔軟的口感，濃郁又帶了點淡淡海水的苦，原來滿滿海膽化在嘴裡是這樣的滋味啊！

▲ 餐肉炒飯 800 日幣，是除了海膽蓋飯、海葡萄與海鮮丼之外的選擇，如果不敢吃生，就可以選擇普通的炒飯。用餐肉炒的飯加了胡椒，賣相不好，不過吃起來味道很不錯。

海中道路三島

伊計島燈塔 📷

大泊海灘 📷 📷
伊計海灘　伊計島

宮城島

命御庭製鹽工廠 📷 果報バンタ
　　　　　　　　　（果報崖）

平安座島

海之驛（休息站）☕
海中道路

丸吉食品 🍴

アマミチューの墓 📷

濱比嘉島

シルミチュー公園 📷

伊計島

從海中道路一路上開過來，最後一個也是面積最小的島嶼就是「伊計島」，人口只有三百多人，由於路途較遠，來訪的遊客也相對少許多。

大泊海灘

夢幻的琉璃色海岸

🏠 〒 904-2421 沖繩縣うるま市与那城伊計 1012

📞 098-977-8027

🕐 4～10 月 9:00～18:00
晚上可以舉辦海灘派對

💲 大人 500 日幣
　（含淋浴費用）
　兒童 300 日幣
　（含淋浴費用） 官網

📍 499 794 696

👥 1.5 歲～成人

🅿 有 地圖

沖繩海灘的美各有各的特色，要說我們去過沖繩的幾個沙灘中哪個海灘名列前茅，伊計島上 IG 打卡熱點的大泊海灘（大泊ビーチ），絕對可以說是屬一屬二的。

第一眼見到大泊海灘我們就愛上了，海的顏色由淡綠色轉到深藍，水質清澈、顏色濃郁，這片海域的魚兒尤其多，更是浮淺的聖地，走著走著就可以碰到優游的魚兒，就算不浮潛也相當有趣。

濱比嘉島

通過海中道路抵達伊計島後，左手邊就能看到另外一座連結濱比嘉島的橋樑，此橋建於一九九七年，由於開發得比較晚，遊客不多，讓濱比嘉島現在都還保持著自然景色。

アマミチューの墓

宇流麻市
中部

傳說中夫婦神居住的島嶼

🏣 〒 904-2316 沖縄県うるま市
　　勝連比嘉 105

🕐 全日開放，全年無休

💲 免費入場

📍 499 551 334

👥 1.5 歲～成人

🅿 無

個島上，也孕育了琉球人的下一代，是濱比嘉島重要的信仰之地，每年年頭島民都會在這裡祈禱五穀豐收，無病消災，子孫繁榮。

沖繩的島嶼有著許多的神話故事，濱比嘉島（浜比嘉島）的アマミチューの墓上供奉的是沖繩夫婦神的男神アマミチューと跟女神シルミチューと，爲琉球開闢的祖神。傳說夫婦神長住在這

原本アマミチューの墓上的路是要退潮後才能進入，後來建設了步道，讓島民可以方便進出，島周遭是金黃色的淺灘，延伸出不同顏色的漸層藍綠，穿梭在礁洞間。

シルミチュー公園

宇流麻市
中部

可以水中散步在礁石間的天然小沙灘

🏠 〒 904-2316 沖縄県うるま市
勝連比嘉 1606-3

🕐 全日開放，全年無休

💲 免費入場

📍 499 520 102

👥 1.5 歲～成人

🅿 有　　　　　　　　　　地圖

　　シルミチュー公園旁的天然小沙灘，是濱比嘉島較有人氣的一處景點，這裡的淺灘相當長，一座座大礁石就在沙灘前形成難得的景觀。沙灘並沒有很大，海浪也相當平緩，感覺乾淨舒服，退潮時還可以水中散步在這些礁石間，讓我第一次來就對這裡有了不錯的印象。

　　シルミチュー公園在進濱比嘉島的左手邊，經過アマミチューの墓後再往前走去，從進島到沙灘大約十分鐘的車程。

　　這裡沒有看到任何租借或是沖澡的地方，所以如果真要來這兒玩，要有點心理準備喔！

丸吉食品

宇流麻市
中部

炸鮮魚和螃蟹天婦羅的味道令人難忘

🏠 〒 904-2315 沖縄県うるま市勝連浜 72-2

📞 098-977-7905

🕐 9:00 ～ 18:00
全年無休

📍 499 549 703

👥 1.5 歲～成人

🅿 有　　　　　　　　　　地圖

▲ 乾炸的海魚外皮炸得脆脆香香，魚肉新鮮好吃，這隻魚沒有什麼骨頭，所以怕吃魚的人也可以輕鬆征服。

　　濱比嘉島上有兩間較有人氣的店家，一間是古民家食堂，一間就是丸吉食品。

　　丸吉食品賣的都是家庭小炒，還有當地的海鮮料理，價格並不貴，有賣簡單的中式青椒炒肉絲，也有賣炒飯，一整隻的燒魚定食約一千一百～一千四百日幣，店內有提供中文的菜單，不用擔心溝通的問題。

　　對於第一次遠道而來濱比嘉島的遊客來說，這裡的炸鮮魚還有螃蟹天婦羅真的很吸引人，而且在民宿的家中用膳，充分體驗在地的感覺，也是很難忘的回憶。

宮城島

宮城島有祕密的翠綠色海岸，渾然天成的美景，值得一訪。

果報バンタ、命御庭製鹽工廠

宇流麻市
中部

可享受沖繩絕景和海鹽冰淇淋

〒 902-2423 沖縄県うるま市
与那城宮城 2768

📞 098-983-1140

🕘 9:00 ～ 17:30 全年無休　官網

📍 499 674 664

👪 1.5 歲～成人

🅿 有　地圖

　　「果報バンタ」是沖繩的方言，有幸福山崖的意思。果報崖位於宮城島上「命御庭製鹽工廠」的後方花園，只要將車子停在製鹽工廠停車場，沿著花園指示牌「果報バンタ」即可看見。

　　果報バンタ有著渾然天成的美景，藍綠色的海像極了發光的獵豹紋路，陽光打在上頭波光粼粼，真的是很值得一來的沖繩絕景。園區總共有四個小景點：果報バンタ、三天御座、龍神風道、はなり獄。

　　建議也可以進入命御庭製鹽工廠免費參觀，在這裡可以吃工廠特製的海鹽冰淇淋，順便欣賞製鹽的過程。

奧武島

奧武島與沖繩本島只有一百公尺的距離，在過橋時就可以看到橋上有許多孩子在玩跳水遊戲，讓第一次來沖繩的人們立即感受到奧武島的熱情。奧武島又有貓咪之島的稱呼，我們在岸邊沒多久就遇見了一隻小貓咪，這裡的貓咪很多，貓咪恣意地在街上散步，有的貓是很親人的，根本就不怕人。

奧武橋 まいむ

奧武島海產物食堂

中本鮮魚てんぷら店

奧武島

大城てんぷら店

龍宮神

▲ 奧武島的海神祭典用的船，五月的季節正好是奧武島海神季，是為了祈禱漁獲豐收與航海安全而舉行。

👉 Maimu 小吃雜貨店

Maimu（まいむ）小吃雜貨店就在奧武沙灘正對面，賣著許多日本古早味的經典小糖果跟小吃，就像是我們台灣眷村裡開的柑仔店，這裡不但有大片的綠蔭覆蓋，還可以看著海，我們在樹下乘涼，長輩和兩個小朋友都跑去雜貨店內挖寶，我阿姨說這邊的料理包比超市便宜呢！

中本鮮魚天婦羅店

南城市
南部

別具特色的排隊名店，
包裹各式海鮮的超好吃天婦羅

📮 〒 901-0614 沖繩縣南城市玉城字奧武 9

📞 098-948-3583

🕙 10 ～ 3 月 10:00 ～ 18:00

4 ～ 9 月 10:00 ～ 19:00

全年無休

（可能會臨時休息）

官網

📍 232 467 295*73

👥 1.5 歲～成人

🅿 無（可停在海港）

地圖

　　若是過橋時看到右手邊有一間小店有著滿滿排隊的人潮，那必定就是中本鮮魚天婦羅店（中本鮮魚てんぷら店）。這裡的天婦羅可以說是沖繩另類的代表性食物，中本天婦羅店有自己的特色，有別於香脆的口感，這裡的麵皮更多了些厚實跟濃濃的麵衣與蛋香，天婦羅包裹著各式的海鮮，我們最愛的就是炸蝦和炸花枝，在這裡你可以帶著天婦羅在沙灘上隨地而坐，望著藍天白雲，聽著海中嬉戲的人們的歡笑聲，盡情享受美食。

奧武島いまいゆ市場

沒有魚市場的氣味，可豪爽地試吃生魚片的海鮮市場

〒 901-1400 沖繩県南城市
玉城奧武 19-9

📞 098-948-7632

🕐 9:00 ～ 18:00
全年無休　　　　　　　官網

📍 232 467 328*43

👥 1.5 歲～成人

🅿 有　　　　　　　　　地圖

▶ 幾間商家都別具特色，賣的東西價格都差不多，不過魚的種類不太相同，這時就要看個人的喜好了，各種生魚片的價格大多在 500 ～ 1000 日幣左右。

▼ 提供遊客試吃的鮪魚生魚片

　　若想要在奧武島吃新鮮的海鮮，首推奧武島いまいゆ市場，從海灘步行三分鐘的路程即可抵達。

　　這個海鮮市場雖然不大，卻小巧豐富，還有最新鮮的魚貨，魚市場裡有冷氣也相當乾淨，一點魚市場的氣味都沒有，反而像是小小的百貨公司地下街門市，最有趣的是，這裡居然提供了超霸氣的生魚片試吃服務喔！

龍宮神

南城市
南部

奧武島海神棲身之地，神聖的自然美景

📮 〒 901-1400 沖繩縣南城市玉城字奧武

📞 098-947-1100（觀光‧文化振興課）

🕐 全日開放，全年無休

💲 免費入場

📍 232 438 846

👥 1.5 歲～成人

🅿 有　　　　　　　　　地圖

　　奧武島南方的海神寄託之地「龍宮神」，是來奧武島時不易經過的小小祕密景點。每年農曆的五月四日，島民都會在這裡舉辦奧武島海神祭，所有比賽的龍舟都會聚集到這兒，祈求豐收的魚貨還有海上的安全，是個極為神聖的信仰地。同時龍宮神的景色宜人，突出在外海的海蝕平台就是龍宮神，被當作神聖的地方。

　　乾淨的海域並沒有太多觀光客來訪，平日來可以享受這裡的片刻寧靜，附近被海浪經年沖刷而成的海蝕岩，退潮時的潮間帶，還有許多小魚小蟹等海洋生物陪伴，悠閒的時光一晃眼就過去了。

瀨長島

在沖繩有一處非常特別的看海景點叫作
Umikaji Terrace（ウミカジテラス），
由一般社團法人長島ツーリズム協會營
運，緊鄰那霸空港，一次可以飽覽夕陽、
海、飛機的美景，美食、購物一次滿足。
與其他購物商圈不同，Umikaji Terrace
沿著海邊的山坡而建，白色地中海風格
的建築像極了希臘小島的一角，吸引不
少手工藝、精品、咖啡廳、異國料理餐
廳進駐，比較像是複合式的文創區。

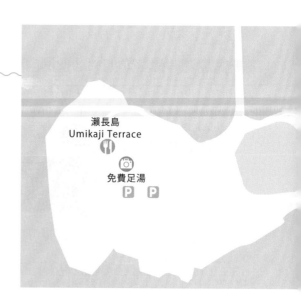

瀨長島
Umikaji Terrace

免費足湯

Umikaji Terrace

豊見城市
南部

極度浪漫，看飛機、大海、喝咖啡一次滿足

🏠 〒 901-0233 沖繩縣豊見城市
瀨長 174-6

📞 098-851-7446

🕐 10:00 ～ 21:00　　　　　官網

每間店鋪的公休日不同

📍 33 002 602*08

👥 0 歲～成人

🅿 有（免費）　　　　　　地圖

　　Umikaji Terrace 的白天與夜晚是兩種不同的風情，白天的 Umikaji Terrace 在蔚藍天空與海水的包圍下，就像穿著一襲白長洋裝的少女，寧靜而純潔的白，散發出優雅的氣息。夜晚的她，點上盞盞燈光，像是妝點了胭脂的神祕女郎，與熱情的音樂一起穿梭在人群之中。

　　瀨長島獨特悠閒的氣氛是無可取代的，靜靜地在海邊聽著海浪聲、看著海，不時可聽到飛機劃破天際的轟鳴聲，找一間喜愛的咖啡廳歇息，抑或拾階而上，隨意逛逛。吹著海風慢步在此是如此恬意的事情，走在街道上隨處可見棕櫚樹、大海跟陽傘，甚至是曬得黝黑的旅人，每一個轉角都是攝影棚，無一不是構成完美相片的元素。沖繩最佳的約會景點首選，非 Umikaji Terrace 莫屬。

　　我們選擇在午後五點左右來到此地，走走逛逛，拍拍照，也殺了不少時間與底片，順便享受傍晚時分瀨長島美麗的夕陽景色。傍晚時，一樓廣場開始準備表演舞台，兩位穿著洋裝的少女一登場便吸引不少人駐留，有時是流行歌曲，有時是琉球民謠，大家坐在階梯上沉醉於歌聲之中。

瀨長島 47STORE

🏠 〒 901-0233 沖繩縣豊見城市字瀨長 174-6
ウミカジテラス 1

📞 098-996-4348

🕐 10:00 ～ 22:00

📍 33 002 573*50

👥 1.5 歲～成人　　　　　地圖

🅿 有

這間瀨長島的天字第一號店鋪，位於瀨長島的入口處，這裡賣的商品來自日本的四十七個都道府。在這裡我們發現了許多沖繩知名也較有口碑的伴手禮，像是 35 咖啡、石垣島的辣醬油、沖繩限定版的味覺糖、雪鹽餅乾、多良間島的黑糖，適合隨意地走走看看，也是個補貨的好去處喔！

免費足湯

瀨長島 47STORE 旁有免費的溫泉泡腳池，這樣的免費溫泉在沖繩只有兩座，一個在美國村，另一個就在這裡，逛完街別忘了來這邊泡泡腳休息一下，但記得要自備毛巾。

👆 氾濫漢堡　販售誇張的巨無霸漢堡（詳細資料請見 160 頁。）

👆 沖繩手工冰淇淋 yukuRu

🏠 〒 901-0233 沖繩縣豐見城市瀨長 174-6 ウミカジテラス 7
📞 098-996-1577
🕙 10:00 ～ 21:00
　（最後點餐 20:00）
📍 33 002 602*00
👨‍👩‍👧 1.5 歲～成人
🅿 無（可停至上方的琉球溫泉瀨長島ホテル）

地圖

沖繩手工冰淇淋 yukuRu（沖繩手作りジェラート yukuRu）主打義大利手工冰淇淋每日現作，人氣的巧克力與抹茶口味到傍晚就會賣完。這裡除了主打甜點，店裡面有很多網美拍照小道具可以使用，很有夏威夷的感覺。

👆 KAME ANDAGI

🏠 〒 901-0233 沖繩縣豐見城市瀨長 174-6 ウミカジテラス 8
📞 098-851-4171
🕙 10:00 ～ 20:00，全年無休
📍 33 002 602*06
👨‍👩‍👧 1.5 歲～成人
🅿 有

官網　　地圖

一九七三年開業的 KAME ANDEGI 是間四十年的雙胞胎冰淇淋店，雙胞胎冰淇淋的外皮是熱呼呼、剛炸起來的餅皮，看起來像是我們常在吃的雙胞胎，咬起來的口感卻有點像是熱熱的做派的杏仁底，芒果冰淇淋的口味非常受歡迎。

TONNY CAFE & HUB

📮 〒 901-0233 沖繩縣豐見城市瀨長 174-6 ウミカジテラス 19
📞 098-996-2473
🕐 11:00 ～ 21:00（午餐 11:30 ～ 14:30）
📍 33 002 602*00
👥 1.5 歲～成人
🅿 無（可停至上方的琉球温泉瀨長島ホテル）

地圖

TONNY CAFE & HUB 有室內跟室外的空間，我很喜歡 TONNY CAFE & HUB 戶外夏威夷茅草屋給人的感覺，到了下午瀨長島的空氣變得涼快許多，海風力道不強，徐徐吹來，能坐在外頭是種享受。這裡販售的料理很廣泛，有義大利、美式料理、土耳其美食等多國料理，正餐、下酒的點心、酒精飲料、冰淇淋都有賣，大部分的人來此都是點杯飲料跟點心，享受沖繩夏日的午後時光。

HAMMOCK CAFE LA ISLA

📮 〒 901-0233 沖繩縣豐見城市瀨長
　 174-6 ウミカジテラス 27
📞 098-894-6888
🕐 10:00 ～ 21:00
　 全年無休
📍 33 002 602*22
👥 1.5 歲～成人
🅿 無

官網

地圖

想體驗島上悠閒的氣氛，首推就是這間戶外座位區有彩色吊椅的 HAMMOCK CAFE LA ISLA，位於熱門店家「幸福鬆餅」旁，專賣水果百匯、冰品與墨西哥風味料理，店內店外都是彩色吊床，非常引人注目，戶外座位區尤其熱門，躺在這邊看著海與飛機起落真的超級放鬆，不少人就是為了在吊椅上小歇一會兒而來的呢！

幸福鬆餅沖繩店

📮 〒 901-0233 沖繩縣豐見城市瀨長 174-6 ウミカジテラス 32
📞 098-851-0009
🕐 平日 10:00 ～ 19:30（最後點餐 18:40），假日 10:00 ～ 20:30（最後點餐 19:40），不定休
📍 33 002 602*14
👥 1.5 歲～成人
🅿 無

官網

地圖

人氣幸福鬆餅店（幸せのパンケーキ）有如空氣般鬆軟的鬆餅，配上海景，心情都變得滿足起來。幸福鬆餅的口感像極了舒芙蕾，超厚且蓬鬆的鬆餅，吃起來卻又像是天使蛋糕般軟綿綿，是來瀨長島必去的店家之一喔！

Chapter 9 實用資料

全景點導覽資料

Chapter 2 • 14 個必玩親子公園

景點 / 餐廳	MAPCODE	電話	營業時間	地址
沖繩海洋博公園	553 075 680*55	098-048-2741	夏季時期（3～9 月）8:00～19:30 一般時期（10～2 月）8:00～18:00 12 月的第 1 個星期三及翌日（星期四）公休	〒 905-0206 沖繩縣国頭郡本部町字石川 424 番地
宜野座水陸新樂園「ぎのざ」	206 204 344*26	098-968-8787	9:00～19:00	〒 904-1304 沖繩縣国頭郡宜野座村字漢那 1633
伊波公園	33 893 694*57		全日開放，全年無休	〒 904-1115 沖繩縣うるま市石川伊波
曼塔公園	33 595 312	098-850-4055	全日開放，全年無休	〒 904-2162 沖繩縣沖繩市海邦町 2-13
沖繩縣綜合運動公園	33 504 133*21	098-932-5114	全日開放，全年無休	〒 904-2173 沖繩縣沖繩市比屋根 5-3-1
北玉公園	33 497 896*82	098-936-0077	全日開放，全年無休	〒 904-0105 沖繩縣中頭郡北谷町字吉原 910 番地 1
中城公園	33 410 668	098-935-2666	全日開放，全年無休	〒 901-2421 沖繩縣中頭郡中城村登又 1319
埔添大公園	33 312 044*07	098-873-0700	9:00～21:00，全年無休	〒 901-2132 沖繩縣浦添市伊祖 115-1

奧武山公園	33 096 721*78	098-858-2700	全日開放，全年無休	〒 900-0026 沖縄県那覇市奥武山町 52
本部公園	33 072 271*54	098-889-2620	全日開放，全年無休	〒 901-0012 沖縄県島尻郡南風原町字本部 352
舊海軍司令部壕公園	33 036 725	098-850-4055	公園開放 8:00 ～ 19:00戰壕參觀 8:30 ～ 17:00（7 ～ 9 月至 17:30），全年無休	〒 901-0241 沖縄県豊見城市字豊見城 236 番地
城跡之路公園	232 498 724*17	098-948-2141	全日開放，全年無休	〒 901-0605 沖縄県南城市玉城中山
西崎親水公園西崎運動公園	232 484 712*33	098-992-7961	全日開放，全年無休	〒 901-0306 沖縄県糸満市字西崎 3-1
平和祈念公園	232 342 301*13	098-997-2765	全日開放，全年無休	〒 901-0333 沖縄県糸満市字摩文仁 444 番地

Chapter 3 • 必玩沙灘

景點 / 餐廳	MAPCODE	電話	營業時間	地址
翡翠海灘	553 105 350	098-048-2741	夏季時期（4 月 1 日～ 9 月 30 日）8:30 ～ 19:00一般時期（10 月 1 日～ 10 月 31 日）8:30 ～ 17:30	〒 905-0206 沖縄県国頭郡本部町字石川 424 番地
瀬底島海灘アンチ	206 825 392*00	098-047-7355	全年無休	〒 905-0227 沖縄県国頭郡本部町瀬底 2631
渡具知海灘	33 703 175*34	098-982-8877	全年無休，最佳游泳時間是 4 ～ 10 月	〒 904-0315 沖縄県中頭郡読谷村字渡具知 228
波之上海灘	33 186 182*56	098-863-7300	4 ～ 6 月游泳時間 9:00 ～ 18:007、8 月游泳時間 9:00 ～ 19:00	〒 900-0037 沖縄県那覇市辻 3-3-1
安座真SanSan 海灘	33 024 680	098-948-3521	4 ～ 10 月游泳時間 10:00 ～ 18:007、8 月游泳時間 10:00 ～ 19:00	〒 901-1502 沖縄県南城市知念安座真 1141-3
新原海灘	232 469 538*15	098-948-1103	全年無休，可自由進出沙灘最好的遊泳時間是 4 ～ 9 月	〒 901-0603 沖縄県南城市玉城百名

Chapter 4 • 必遊景點

景點 / 餐廳	MAPCODE	電話	營業時間	地址
美麗海水族館	553 075 797	098-048-3748	一般時期（10 ～ 2 月）8:30 ～ 18:30夏季時期（3 ～ 9 月）8:30 ～ 20:00（關館前一小時停止入館）12 月的第一個星期三及翌日（星期四）海洋博公園入口關閉，無法入園	〒 905-0206 沖縄県国郡本部町字石川 424 番地
名護鳳梨園	206 716 467*26	098-053-3659	9:00 ～ 18:00（電動車受理到 17:30），全年無休	〒 905-0005 沖縄県名護市為又 1195
名護自然動植物公園	206 689 726	098-052-6348	9:00 ～ 17:30	〒 905-0012 沖縄県名護市字名護 4607-41

真榮田岬 青之洞窟	206 062 685	098-982-5339	全日開放，全年無休	〒 904-0417 沖縄県國頭郡恩納村真栄田 469-1
BLUE SEAL ICE PARK	33 341 535*52	098-988-4535	10:00 ～ 21:00，全年無休	〒 901-2131 沖縄県浦添市牧港 5-5-6
首里城	33 161 526*66	098-886-2020	4 ～ 6 月、10 ～ 11 月 8:30 ～ 19:00（售票截止到 18:30） 7 ～ 9 月 8:30 ～ 20:00（售票截止到 19:30） 12 ～ 3 月 8:30 ～ 18:00（售票截止到 17:30） 每年 7 月的第一個星期三和翌日（星期四）公休	〒 903-0815 沖縄県那覇市首里金城町 1-2
NIRAI-KANAI 橋	232 592 532*20		全日開放，全年無休	〒 901-1513 沖縄県南城市知念字知念
知念岬公園	232 594 503*30	098-948-4660	全日開放，全年無休	〒 901-1511 沖縄県南城市知念久手堅
玉泉洞	232 495 248*03	098-949-7421	9:00 ～ 18:00（17:00 停止售票）全年無休	〒 901-0616 沖縄県南城市玉城前川 1336

Chapter 5 • 看海咖啡廳

景點 / 餐廳	MAPCODE	電話	營業時間	地址
亞熱帶茶屋	206 888 578*57	098-047-5360	11:00 ～日落，不定休	〒 905-0215 沖縄県国頭郡本部町字野原 60 番地
On the Beach CAFÉ	553 111 662*13	098-056-4560	11:00 ～ 18:00（最後點餐 17:00）全年無休	〒 905-0428 沖縄県国頭郡今帰仁村今泊 612-2
Myloplus Cafe	33 554 827*10	098-926-5225	午餐 11:00 ～ 15:00 下午茶 15:00 ～ 18:00 晚餐 18:00 ～ 0:00，全年無休	〒 904-0113 沖縄県中頭郡北谷町宮城 1-64 シージョイビル 3 樓
CAFE 薑黃花	232 592 051*72	098-949-1189	秋冬時間（10 ～ 3 月）10:00 ～ 19:00（最後點餐 18:00） 春夏時間（4 ～ 9 月）10:00 ～ 20:00（最後點餐 19:00） 星期二 10:00 ～ 18:00（最後點餐 17:00） 全年無休	〒 901-1513 沖縄県南城市知念字知念 1190
Cafe Yabusachi	232 500 500*06	098-949-1410	11:00 ～日落 午餐 11:00 ～ 15:00 下午茶 15:00 ～ LAST 星期三公休（國定假日營業）	〒 901-0603 沖縄県南城市玉城字百名 646-1
濱邊的茶屋	232 469 491*84	098-948-2073	10:00 ～ 20:00（最後點餐 19:30） 星期一 14:00 開始營業 例假日請看網站公告	〒 901-0604 沖縄県南城市玉城字玉城 2-1
山中茶屋樂水 天空的茶屋 sachibaru 庭	232 469 608*57	098-948-1227	11:00 ～ 17:00（午餐 / 披薩最後點餐 15:00，飲料 / 蛋糕最後點餐 16:30）	〒 901-0604 沖縄県南城市玉城字玉城 19-1

Chapter 6・推薦美食

景點 / 餐廳	MAPCODE	電話	營業時間	地址
燒肉本部牧場 本部店	206 856 433*74	098-051-6777	午餐 11:00 ～ 15:00（最後點餐 14:30） 晚餐 17:00 ～ 22:00（最後點餐 21:30），全年無休	〒 905-0212 沖繩縣国頭郡本部町字大浜 881-1
燒肉乃我那霸 新館	206 657 848*81	050-5590-2688 （預約專線） 098-043-6583 （洽詢專線）	11:00 ～ 15:00（提供午餐至 15:00） 午餐時段吃到飽限時 90 分鐘 17:00 ～ 0:00（最後點餐 22:30） 晚餐時段吃到飽限時 120 分鐘 不定休	〒 905-0011 沖繩縣名護市宮里 7-23-21
燒肉五苑名護店	206 686 469*30	098-054-8129 可預約	平日 16:00 ～ 23:00（最後點餐 22:30） 假日 12:00 ～ 23:00（最後點餐 22:30）	〒 905-0005 沖繩縣名護市為又 479-5
琉球的牛 恩納店	206 096 716*71	098-965-2233 中午可預約	午餐 11:00 ～ 16:30（最後點餐 15:30） 晚餐 17:00 ～ 23:30（最後點餐 23:00） 午餐 時段 / 不定休 晚餐時段 / 全年無休	〒 904-0414 沖繩縣国頭郡恩納村前兼久 909-2 1 樓
肉屋	33 157 324*40	098-869-5448	11:00 ～ 22:00（最後點餐 21:00） 全年無休	〒 900-0013 沖繩縣那霸市牧志 3-1-1
敘敘苑沖繩 歌町店	33 188 419*42	098-860-0089 可預約	星期一～星期六 11:30 ～ 23:00 （最後點餐 23:00） 星期日及國定假日 11:30 ～ 22:00 （最後點餐 22:00） 午餐時間 11:00 ～ 16:00，全年無休	〒 900-0006 沖繩縣那霸市おもろまち 4-19-1 ルカフオモロマチ 3 樓
Roins	33 156 478*24	098-943-9129	星期五、星期六 17:00 ～翌日 5:00 星期日～星期四 17:00 ～ 0:00 全年無休	〒 900-0015 沖繩縣那霸市久茂地 2-6-16
燒肉王新都心店	33 188 843*52	098-860-6038	平日 17:00 ～ 0:00（最後入場 23:00） 星期六、星期日及國定假日 11:30 ～ 0:00（最後入場 23:00） 吃到飽限時 100 分鐘	〒 900-0011 沖繩縣那霸市上之屋 1-1-1
Captain Kangaroo 名護漢堡店	206 625 846*23	098-054-3698	11:00 ～ 19:30（最後點餐 19:30） 星期三公休	〒 905-0006 沖繩縣名護市宇茂佐 183
GORDIE'S 漢堡	33 584 567*15	098-926-0234	11:00 ～ 21:00 全年無休	〒 904-0111 沖繩縣中頭郡北谷町砂辺 100-530
氾濫漢堡	33 002 573*50	098-851-8782	11:00 ～ 21:00（最後點餐 20:00） 全年無休	〒 901-0233 沖繩縣豊見城市字瀬長 174-6 ウミカジテラス 1 樓 4
潛水員牛排	206 625 820*73	098-052-5678	11:30 ～ 22:00 （最後入場 18:00 ～ 20:00） 星期三公休	〒 905-0006 沖繩縣名護市字宇茂佐 162 番地
STEAK HOUSE BB 美國村店	33 525 382*11	098-936-8234	11:00 ～ 22:00，全年無休	〒 904-0115 沖繩縣中頭郡北谷町美浜 9-1 デポアイランドビル A 館 2 樓
縣民牛排 國際通店	33 158 272*36	098-959-1612	11:00 ～ 23:00（最後點餐 22:30） 全年無休	〒 900-0013 沖繩縣那霸市牧志 3-8-31

果然要吃牛排 2 號店	33 156 777*74	098-988-3344 可預約	星期一～星期四 11:00 ～翌日 6:00 星期五、星期六 11:00 ～翌日 7:00 星期日 11:00 ～ 21:00，全年無休	〒 900-0032 沖繩縣那霸 市松山 2-7-16
JUMBO STEAK HAN'S 久茂地 本店	33 157 427*31	098-863-8890	11:00 ～ 23:00，全年無休	〒 900-0015 沖繩縣那霸 市久茂地 3-27-10
STEAK HOUSE 88 辻本店	33 155 594*25	098-862-3553	星期一～星期四、星期日 11:00 ～翌日 4:00（最後點餐 3:45） 星期五、星期六、國定假日前一天 11:00 ～翌日 6:00（最後點餐 5:45） 全年無休	〒 900-0037 沖繩縣那霸 市辻 2-8-21
傑克牛排館	33 155 087 * 15	098-868-2408	11:00 ～翌日 1:00 第二、第四個星期三公休	〒 900-0036 沖繩縣那霸 市西 1-7-3
岸本食堂	206 857 712*58	098-047-2887	11:00 ～ 17:30，星期三公休	〒 905-0214 沖繩縣国頭 郡本部町渡久地 5
百年古家大家	206 745 056*82	098-053-0280	午餐 11:00 ～ 17:00（最後點餐 16:30） 晚餐 18:00 ～ 22:00（最後點餐 21:00） 全年無休	〒 905-0004 沖繩縣名護 市中山 90
浜屋沖繩麵	33 584 046*87	098-936-5929	10:00 ～ 20:30（最後點餐 20:00） 不定休	〒 904-0113 沖繩縣中頭 郡北谷町宮城 2-99
みはま食堂	33 496 738*57	098-936-8032	11:00 ～ 18:00，全年無休	〒 904-0115 沖繩縣中頭 郡北谷町美浜 1-2-10
琉球茶房	33 161 797*38	098-884-0035	午餐 11:00 ～ 15:00（沖繩麵和定食） 晚餐 17:00 ～ 23:00（泡盛和琉球料理）	〒 903-0812 沖繩縣那霸 市首里当蔵町 2-13
なかむら屋安里	33 158 474*61	098-871-4317	24 小時營業	〒 902-0067 沖繩縣那霸 市安里 388-6
沖繩料理店 みかど	33 156 563 * 17	098-868-7082	8:00 ～ 0:00	〒 900-0032 沖繩縣那霸 市松山 1-3-18
吉崎食堂 歌町店	33 188 537*62	098-869-8246	17:00 ～ 0:00（最後點餐 23:30）	〒 900-0006 沖繩縣那霸 市おもろまち 4-17-29
くんなとぅ	232 467 538*56	098-949-1066 可預約	11:00 ～ 19:00，全年無休	〒 901-1400 沖繩縣南城 市玉城志堅原 460-2
LA CUNCINA	33 128 810*64	098-851-7422	7:30 ～ 18:00，星期一公休	〒 900-0022 沖繩縣那霸 市樋川 2-3
甘味處萬丸 那霸泉崎店	33 156 048*68	098-867-2593	星期一～星期五 7:30 ～ 18:30 星期六、國定假日 9:00 ～ 17:00 星期日公休	〒 900-0021 沖繩縣那霸 市泉崎 1-9-7
第一牧志公設 市場	33 157 264*60	098-867-6560	8:00 ～ 21:00，賣完為止 第四個星期日公休	〒 900-0014 沖繩縣那霸 市松尾 2-10-1
oHacorte Bakery	33 126 741*06	098-869-1830	7:30 ～ 20:00，不定休	〒 900-0021 沖繩縣那霸市 泉崎 1-4-10 喜納ビル 1 樓
Jef Burger 苦瓜 漢堡那霸店	33 157 058*24	098-867-4941	9:00 ～ 18:00	〒 902-0065 沖繩縣那霸 市壺屋 1-1-5
豬肉蛋飯糰本店 牧志市場本店	33 157 323*06	098-867-9550	7:00 ～ 17:30 提供早餐、午餐 星期三公休	〒 900-0014 沖繩縣那霸 市松尾 2-8-35

宇宙中第三好吃的炸甜甜圈 Malasada 冰淇淋店	206 736 383*30	098-051-6536	10:00 ～ 17:30	〒 905-0225 沖繩縣国頭郡本部町字崎本部 671-1
しまドーナッツ 甜甜圈	485 360 584*41	098-054-0089	11:00 ～ 15:00 賣完為止 國定假日公休	〒 905-1152 沖繩縣名護市伊差川 270
369 farm café	206 776 273*53	080-6497-3690	11:00 ～ 18:30（最後點餐 18:15）星期三，第一、第三個星期四公休	〒 905-0011 沖繩縣名護市宮里 1007 番地
海鮮料理浜の家	206 035 728*40	098-965-0870	11:00 ～ 22:00（最後點餐 21:30）全年無休	〒 904-0415 沖繩縣国頭郡恩納村仲泊 2097
グルメ迴轉壽司市場美浜店	33 526 459*37	098-926-3222 可預約	11:00 ～ 22：00，全年無休	〒 904-0115 沖繩縣中頭郡北谷町美浜 2-4-5
PLOUGHMAN'S LUNCH BAKERY 農夫午餐麵包店	33 440 756*25	098-979-9097 可預約	8:00 ～ 16:00，全天都可用早餐 星期日公休	〒 901-2316 沖繩縣中頭郡北中城村安谷屋 927-2
港川外人住宅	33 341 002*22	各間商店不同	各間商店不同	〒 901-2134 沖繩縣浦添市港川 2 丁目沖商外人住宅街
暖暮拉麵牧志店	33 157 621*52	098-863-8331	11:00 ～翌日 2:00，全年無休	〒 900-0013 沖繩縣那霸市牧志 2-16-10
琉球新麵通堂 小禄本店	33 095 245*81	098-857-5577	11:00 ～翌日 1:00，全年無休	〒 901-0155 沖繩縣那霸市金城 5-4-6
Antoshimo 炸麵包那霸本店	33 156 165*46	098-861-2087	10:00~21:00 第二、第四個星期二到 19:00 星期三公休	〒 900-0015 沖繩縣那霸市久茂地 1-5-1
雪花之鄉	33 157 629*31	098-866-4300	11:00 ～ 19:00，星期三公休	〒 900-0013 沖繩縣那霸市牧志 2-12-24-101
目利きの銀次 新都心店	33 218 131*55	098-863-3442	18:00 ～翌日 2:00（最後點餐 0:30）	〒 900-0005 沖繩縣那霸市天久 1-9-19
泊港漁市場	33 216 115*34	098-868-1096	6:00 ～ 18:00，全年無休	〒 900-0001 沖繩縣那霸市港町 1-1-18

Chapter 7・媽媽最愛必逛必買

景點／餐廳	MAPCODE	電話	營業時間	地址
永旺夢樂城 沖繩來客夢	33 530 231*88	098-930-0425	永旺夢樂城專賣店街 10:00 ～ 22:00 美食街 10:00 ～ 22:00，餐廳街 10:00 ～ 23:00 永旺食品賣場 8:00 ～ 23:00 其他賣場 9:00 ～ 23:00，全年無休	〒 901-2300 沖繩縣中頭郡北中城村 アワセ土地区画整理事業区域内 4 街区
SAN-A 浦添西海岸 PARCO CITY	33 339 276	098-871-1120	一般店鋪 10:00 ～ 22:00 SAN-A 超市 9:00 ～ 22:00 美食街 11:00 ～ 22:00	〒 901-2123 沖繩縣浦添市西洲 3-1-1
驚安殿堂唐吉訶德國際通店	33 157 382*43	098-951-2311	24 小時營業，全年無休	〒 900-0014 沖繩縣那霸市松尾 2-8-19
AEON 那霸店	33 095 153*73	098-852-1515	10:00 ～ 0:00，全年無休	〒 901-0155 沖繩縣那霸市金城 5-10-2
Outlet Mall Ashibinaa	232 544 542*66	0120-151-427	10:00 ～ 20:00，全年無休	〒 901-0225 沖繩縣豐見城市豐崎 1-188

景點 / 餐廳	MAPCODE	電話	營業時間	地址
古宇利海灘	485 662 864	098-056-2256	全日開放，全年無休	〒 905-0406 沖縄県今帰仁村古宇利 328-1
チグヌ浜	485 692 090*80		全日開放，全年無休	〒 905-0406 沖縄県今帰仁村古宇利
愛心石	485 751 149*43	098-056-2256	全日開放，全年無休	〒 905-0406 沖縄県国頭郡今帰仁村字古宇利 2593-2
蝦蝦餐車 Shrimp Wagon	485 692 172*35	098-056-1242	11:00 ～ 17:00，全年無休	〒 905-0406 沖縄県国頭郡今帰仁村古宇利 436-1
古宇利海洋塔	485 693 513*73	098-056-1616	9:00 ～ 18:00（最終入園 17:30）7 月中旬到 8 月下旬的夏季時間可入園至 18:00，全年無休 颱風等惡劣天候會臨時休息	〒 905-0406 沖縄県国頭郡今帰仁村古宇利 538 番地
トケイ浜	485 752 134*21		全日開放，全年無休	〒 905-0406 沖縄県国頭郡今帰仁村古宇利 2805
L LOTA	485 692 292	098-051-5031	午餐 11:00 ～ 14:00 下午茶 14:00 ～ 17：00（最後點餐 16:00）晚餐 19:00 ～ 22:00（建議提前預訂）全年無休，例假日請看網站公告	〒 905-0406 沖縄県国頭郡今帰仁村古宇利 466-1
しらさ食堂	485 692 126*65	098-051-5252	7 ～ 9 月 11:00 ～ 20:00 10 ～ 6 月 11:00 ～ 18:00	〒 905-0406 沖縄県国頭郡今帰仁村古宇利 176
大泊海灘	499 794 696	098-977-8027	4 ～ 10 月 9:00 ～ 18:00 晚上可以舉辦海灘派對	〒 904-2421 沖縄県うるま市与那城伊計 1012
アマミチューの墓	499 551 334		全日開放，全年無休	〒 904-2316 沖縄県うるま市勝連比嘉 105
シルミチュー公園	499 520 102		全日開放，全年無休	〒 904-2316 沖縄県うるま市勝連比嘉 1606-3
丸吉食品	499 549 703	098-977-7905	9:00 ～ 18:00，全年無休	〒 904-2315 沖縄県うるま市勝連浜 72-2
果報バンタ命御庭製鹽工廠	499 674 664	098-983-1140	9:00 ～ 17:30，全年無休	〒 902-2423 沖縄県うるま市与那城宮城 2768
中本鮮魚天婦羅店	232 467 295*73	098-948-3583	10 ～ 3 月 10:00 ～ 18:00 4 ～ 9 月 10:00 ～ 19:00 全年無休（可能會臨時休息）	〒 901-0614 沖縄県南城市玉城字奥武 9
奥武島いまいゆ市場	232 467 328*43	098-948-7632	9:00 ～ 18:00，全年無休	〒 901-1400 沖縄県南城市玉城奥武 19-9
龍宮神	232 438 846	098-947-1100（観光・文化振興課）	全日開放，全年無休	〒 901-1400 沖縄県南城市玉城字奥武

瀬長島 47STORE	33 002 573*50	098-996-4348	10:00～22:00	〒 901-0233 沖繩縣豐見城市字瀬長 174-6 ウミカジテラス 1
沖繩手工冰淇淋 yukuRu	33 002 602*00	098-996-1577	10:00～21:00（最後點餐 20:00）	〒 901-0233 沖繩縣豐見城市瀬長 174-6 ウミカジテラス 7
KAME ANDAGI	33 002 602*06	098-851-4171	10:00～20:00，全年無休	〒 901-0233 沖繩縣豐見城市瀬長 174-6 ウミカジテラス 8
TONNY CAFE & HUB	33 002 602*00	098-996-2473	11:00～21:00（午餐 11:30～14:30）	〒 901-0233 沖繩縣豐見城市瀬長 174-6 ウミカジテラス 19
HAMMOCK CAFE LA ISLA	33 002 602*22	098-894-6888	10:00～21:00，全年無休	〒 901-0233 沖繩縣豐見城市瀬長 174-6 ウミカジテラス 27
幸福鬆餅沖繩店	33 002 602*14	098-851-0009	平日 10:00～19:30（最後點餐 18:40）假日 10:00～20:30（最後點餐 19:40）不定休	〒 901-0233 沖繩縣豐見城市瀬長 174-6 ウミカジテラス 32

外交部急難救助卡

 旅外國人急難救助卡
中華民國外交部印製

我來自臺灣，
私は台湾から来たものです。

我不會說貴國的語言，能否提供中文傳譯。
私は日本語ができないので、中国語の通訳をお願いします。

如果無法安排中文傳譯的話，請您聯繫我國的駐外機構，我需要他們的協助。
もし、中国語の通訳をお願いできないなら、わが国の日本駐在在外公館に連絡してください。
私は彼らの協力が必要です。
よろしくお願いします。

2014年12月版

外交部敬祝您 旅途平安愉快

▶ 駐日本地區館處緊急聯絡電話
日本駐在機関への緊急連絡電話番号

Tokyo 東京	(81-3) 3280-7917 (81) 80-6557-8796 (81) 80-6552-4764
Yokohama 橫濱	(81) 90-4746-6409 (81) 90-4967-8663
Osaka 大阪	(81) 90-8794-4568 (81) 90-2706-8277
Fukuoka 福岡	(81) 90-1922-9740 (81) 90-3192-8273 (81) 90-4341-7787 (81) 90-7389-4311
Naha 那霸	(81) 90-1942-1107
Sapporo 札幌	(81) 80-1460-2568

外交部緊急聯絡中心
「旅外國人緊急服務專線」
886-800-085-095

國家圖書館出版品預行編目（CIP）資料

沖繩親子遊一本就GO：大手牽小手，新手也能自
助遊沖繩的食玩育樂全攻略／小布少爺著 . -- 二版 .
-- 台北市：健行文化出版：九歌發行，2019.8
288 面；17×23 公分 . --（愛生活；48）
ISBN 978-986-97668-2-1（平裝）

1. 旅遊　2. 日本沖繩縣

731.7889　　　　　　　　　　　　　108008735

愛生活48

大手牽小手，新手也能自助遊沖繩的食玩育樂全攻略

作者	小布少爺
責任編輯	張晶惠
發行人	蔡澤蘋
出版	健行文化出版事業有限公司
	台北市八德路3段12巷57弄40號
	電話／02-25776564・傳真／25789205
	郵政劃撥／0112263-4
	九歌文學網 www.chiuko.com.tw
印刷	前進彩藝有限公司
排版協力	綠貝殼資訊有限公司
地圖繪製	小布
法律顧問	龍躍天律師・蕭雄淋律師・董安丹律師
發行	九歌出版社有限公司
	台北市八德路3段12巷57弄40號
	電話／25776564・傳真／25789205
初版	2017年12月
二版	2019年8月
定價	420元
書號	0207048
ISBN	978-986-97668-2-1

（缺頁、破損或裝訂錯誤，請寄回本公司更換）